故宫博物院藏石湾窑陶器

故宫博物院　佛山市博物馆 编
故宫出版社

The Pottery of Shiwan Kiln of the Palace Museum

Compiled by the Palace Museum and the Foshan Museum
The Forbidden City Publishing House

目 录

Contents

故宫博物院藏石湾窑陶器整理与研究

黄卫文

石湾窑是以生产独具特色的石湾陶器而闻名的岭南民窑，其窑址位于今广东省佛山市禅城区石湾街道的东平河沿岸一带。石湾窑制陶历史悠久，烧造品种丰富，尤以明清及近当代生产的各种生活、陈设用艺术陶器和各种人物、动物陶塑等最具盛名。自明代以降，石湾窑生产的日用、陈设、陶塑、建筑园林用陶等产品不仅畅销岭南各地，而且还大量输往海外，尤其深受东南亚各地人民的欢迎，成为明清至近当代广东地区一项重要的出口商品。至今，明清石湾窑所在的佛山地区仍是我国内外销日用陶瓷、艺术陶瓷、建筑卫生陶瓷的重要生产基地之一，美丽的佛山也因此享有“岭南陶都”的美誉。

在故宫博物院所藏数量宏富的中国古代陶瓷文物中，240 余件来源于清宫旧藏及故宫博物院建院后入藏的明清时期和近当代生产的石湾窑陶器藏品，造型丰富多样、釉色装饰典型、制作工艺精湛，代表了明清至近当代石湾窑的生产水平，特别是 81 件藏品为传承有序的清宫旧藏器，无疑是国内外公私收藏石湾陶中最具历史传承性和研究价值的一批传世品，世所罕见。迄今，除广东本地文博机构外，国内外其他文博单位罕有专门的石湾窑藏品集出版。本书特从故宫博物院藏石湾陶中遴选出有代表性的 150 件藏品，以制作时代、器物造型、釉色品种、装饰纹饰等为序，逐件为读者介绍和赏析，以期在为国内外石湾窑研究者和爱好者全面展示故宫博物院藏石湾陶藏品面貌的同时，亦为大力弘扬佛山石湾悠久而灿烂的美陶文化，推进提高石湾窑制陶历史研究等工作有所助力。

一　石湾窑制陶历史概述

佛山制陶历史悠久，考古材料表明，唐宋时期的佛山大帽岗窑址[1]、南海奇石窑[2]等都是当时岭南地区以生产施釉陶器为主的民间窑场，产品造型以民间日用的碗、盘、碟、罐、坛等为主，制品多施青釉、青黄釉、酱釉、褐釉和黑釉，个别制品附加有塑贴的动物或人物装饰，其产品与明清石湾窑产品之间有着一定的承袭关系。

明清时期是石湾陶业发展的繁荣鼎盛期，在大量生产民间日用和建筑园林用陶外，还盛产各种艺术釉陶，尤以造型丰富、釉色多样的各种日用、陈设、祭祀或文房用陶和具有朴拙写实艺术风范的各种人物、动物陶塑等最具盛名。这一时期的石湾窑产品行销地域广阔，素有“石湾瓦，甲天下”[3]“石湾之陶遍两广，旁及海外之国”[4]等美誉。而在过去相当长的一段时期里，囿于资料，研究者一般认为明清石湾窑产品主要流行于我国南方和东南亚地区等地，而在我国北方地区发现的传世品较少且不太受重视，以至民间俗有“石湾窑不过长江”的说法，但依据笔者近年对故宫博物院“清宫旧藏”明清石湾窑藏品所做的研究结论表明[5]，明清时期的石湾窑产品在广布岭南及畅销东南亚地区的同时，其艺术釉陶中的部分精致之作，更得到了明清两代皇家的赏识，应以地方特产“贡陶”的形式进入皇宫，成为宫廷内的陈设与珍藏，显然“石湾窑不过长江”之说是不符合历史实际的。

晚清至民国时期，石湾窑在延续生产各种民间日用陶和艺术釉陶之外，由于社会变革带来的建筑风格的转变，石湾窑曾经盛产的如影壁、瓦脊、琉璃瓦等建筑装饰用陶市场需求大幅萎缩，而前代已取得一定成就的人物或动物类陶塑制品即“石湾公仔”遂成为这一时期石湾陶业生产的主流品种之一。中华人民共和国成立后，石湾窑的陶业生产很快就得到了恢复和发展，特别是改革开放以来，佛山陶瓷生产更为兴盛，成为当代我国内外销建筑、卫生、日用以及艺术类陶瓷产品的主要生产基地之一。

二　故宫博物院石湾窑陶器藏品概貌

经笔者对故宫博物院院藏文物总账和陶瓷分类文物账的统计，我院现藏制作时代为明清至当代的石湾陶藏品共计有240余件[6]，藏品来源可分清宫旧藏及故宫博物院建院后入藏两大部分。其中原属清宫旧藏的石湾陶藏品现计有81件（清宫旧藏石湾陶具体统计数据详见附表1、附表2）。

众所周知，故宫博物院院址为明清两代皇宫“紫禁城”宫殿旧址，在故宫博物院现藏180余万件文物藏品中，传承有序的清宫原藏历代古物珍宝即“清宫旧藏”文物，不仅是我院藏品的主要来源，更是最具研究价值的传世资料。“清宫旧藏”文物是指故宫博物院建院之际点查接收的紫禁城皇宫内以及其他多处清代皇家宫苑，如颐和园、承德避暑山庄和盛京皇宫（今沈阳故宫）等处的清宫原藏文物。而笔者依据清宫历朝《陈设档》和《故宫物品点查报告》[7]中的原始记载，曾对旧藏石湾陶藏品做过深入的比对研究[8]，其中大部分藏品尚能找到他们在宫中的原藏地点。如原供奉于紫禁城内廷御花园中路钦安殿前西南侧千秋亭中一佛龛内[9]的36尊清代石湾窑生产的窑变釉罗汉坐像（见本书图版52～87）。这一组罗汉像的头、脸、胸、臂、手、足等凡是肌肤裸露的部位均不施釉，姿态、神态各异，釉色亦有差别，从施釉特点来看，大致可分两组各18尊罗汉像，其中一组18尊像施釉以石榴红釉和黄釉为主，间施仿钧蓝釉、绿釉等，个别的无石榴红色，而以施绿釉或钧蓝釉为主；另一组18尊像施釉均以仿钧蓝窑变釉为主。这36件罗汉像从所塑造的人物面貌、姿态、神态和施釉特点看，应是出自同一石湾陶塑家之手，具备典型清代石湾窑陶塑人物像的工艺特点。此外，原藏紫禁城内廷外西路寿康宫内[10]的明石湾窑翠毛釉梅瓶（见本书图版2）也是一件具有典型石湾窑特征的藏品。此器底施酱釉，外通体施蓝色夹杂放射状白点的窑变釉，这种以深浅不一的蓝色为基调，其间杂以或多或少流淌状的白点或白絮，似翠鸟的羽毛，被称为“翠毛釉”。另有原藏紫禁城内廷乾东五所之第三所敬事房库房内[11]的一对明石湾窑仿钧蓝变釉菊花式盘（见本书图版44、45）更是在清宫档案中已有记载。敬事房库为清代内务府管理太监机构“敬事房”所设库房之一，专司收贮外国、各藩、各地贡物等。两盘尺寸大小相似，造型一致，均里外施釉，釉色黑、蓝间杂以流淌的白色，口沿、足端呈酱色。此一对菊瓣盘在光绪十五年（1889年）《敬事房赏用瓷器实存》档中记为：“奏明敬事房赏用瓷器旧存，自光绪十三年十一月十一日起至十四年十一月十日止……均釉瓷洗两件……”总之，依据原始档案对旧藏明清石湾窑器在宫中原藏位置及所藏器形、数量的统计数据可以发现，这批旧藏器在清宫中的原藏地点较为分散，除紫禁城内计有10余处宫殿处所外，清代其他几处皇家宫苑如颐和园、避暑山庄或盛京皇宫等处也有收藏。而从原藏方位看，他们在宫中既有作殿堂陈设或佛堂供像使用的，也有收贮于宫内御用器库房的，如藏于敬事房、古董房等几处宫内库房的旧藏品。

院藏石湾陶藏品除传承有序的珍贵清宫旧藏器之外，更多藏品还是20世纪50年代以后通过社会捐赠、收购或其他文博单位拨交等途径入藏故宫博物院的。这部分藏品的制作时代涵盖了明清时期和近当代的石湾窑产品。造型丰富，有各式瓶、花插、山子（摆件）、炉、香熏、碗、盘、杯、洗、水丞、笔掭、水注、匜、爵和人物、动物陶塑等。

藏品釉色多样典型，装饰朴素，大致反映了明清至20世纪50年代的石湾陶产品的制作风貌。特别是院藏石湾陶中还有多件藏品是20世纪50年代初期由石湾窑著名陶艺家如刘传、区乾等大师制作的参加1955年“全国陶瓷展览会”的作品，如精忠报国（见本书图版143）、张良（见本书图版144）、孟浩然（见本书图版145）、防御（见本书图版146）、狮与蛇（见本书图版147）等，亦是今日难得一见的当代石湾陶艺佳作。

三　故宫博物院藏石湾陶的工艺特征

明清石湾窑陶业生产最突出的特点就是不仅擅仿历代名窑产品，而且仿中有创，创中有新，在产品造型、胎釉、装饰等方面都有着自身鲜明的特点。总体看，故宫博物院藏石湾陶普遍造型规整，器形丰富，釉色多样，制作精良，代表了明清两代至近当代石湾窑陶业生产的工艺水平，突出反映了石湾陶艺的风格特点。

1．造型

明清石湾窑在大量生产普通日用和建筑园林用陶外，更以擅制供日用、陈设或文房使用的各式器皿和题材丰富、塑造生动传神的各类陶塑而闻名。院藏石湾陶造型亦可分器物与陶塑两大类，其中器物类藏品见有各式瓶、壶、山子、花插、炉、香熏、匜、碗、盘、杯、洗、水丞、笔舔、水注等，每类器物往往还可分为多种器形，如院藏石湾陶瓶类器就见有梅瓶、玉壶春瓶、盘口瓶、琮式瓶、胆式瓶、长颈瓶、蒜头瓶、葫芦瓶、兽耳瓶、环耳瓶、莲瓣式瓶、海棠式瓶等多种。又如院藏石湾陶花插类器也可分为蟾形花插、牛形花插、象形花插、四孔方形花插、灵芝式花插、玉兰式花插、梅树形花插等多种器形。而院藏石湾陶塑中除传承自清宫内供奉的寿星、弥勒、罗汉、达摩等神佛造像外，还有明清至民国时期石湾窑生产的各式人物和动物类塑像，其中人物像有观音、罗汉、达摩、钟馗、铁拐李、苏东坡等，动物类塑像有褐彩鸭、瑞兽等。而20世纪50年代的石湾窑陶塑作品则有精忠报国、鲁智深、陶渊明、孟浩然、张良、防御、狮与蛇、水牛、鹌鹑等。这些陶塑藏品在塑造手法、施釉特点等方面都有着不同时期石湾窑陶塑类产品的典型特征。

2．胎釉

明清石湾陶胎土原料来源较多，除大量使用佛山本地所产陶泥和岗砂等之外，还常加入广东其他地区所产的瓷土或陶土，如东莞白土、番禺瓷土等。由于制作时使用单一种陶土或混合使用多种胎土原料，所以制品胎质和胎色等也有多种。而院藏石湾陶的胎体一般手感略重，胎质粗细均有，但以胎体较粗的为多，有的胎体中可见明显的砂质。胎色有白、灰白、灰青、土黄、黄褐、黑褐、酱褐色等多种。器物底足与前人论及“广窑之底露胎较多”[12]相似，院藏石湾陶中多数器物底足不施釉而露胎，但也见有底部施本色釉或酱色釉、透明护胎釉的制品。在施釉方法和釉面特征上，院藏石湾陶也反映了明清石湾窑产品的典型特征，如石湾窑器因胎体原料较粗和多含砂质，为掩盖胎体表面的粗粒，施釉时一般要先上一层底釉以填充胎体的小气孔，再施面釉烧成，因此器物施釉普遍较厚，釉面流淌感明显，带圈足的制品施釉往往流动到外足墙上，器物釉面还常见缩釉点和杂质斑点。

3．釉色

明清石湾陶以擅仿历代名窑釉色，如仿钧、仿哥、仿定、仿龙泉、仿吉州窑、仿景德镇窑等，且以仿中有创、独具特色而著称，而院石湾陶藏品釉色更是丰富而典型，突出反映了明清石湾窑制品的釉色特点。以石湾窑最著名的仿钧窑变釉为例，诚如民国时人刘子芬著《竹园陶说》中论及广钧（石湾窑）器时所说：“陶器上釉者，明时出良工，仿制宋钧红、蓝窑变各色，而以蓝釉中映露紫彩者最为浓丽，粤人呼为翠毛蓝，以其色甚似翠羽也。窑变及玫瑰紫色亦好，石榴红次之。今世上流传广窑之艳异者，即此物也。”[13]同时期许之衡《饮流斋说瓷》中亦云：“钧窑以紫胜，广窑以蓝胜。”[14]而从院藏石湾陶传世品来看，除多件仿钧石榴红釉罗汉塑像、仿钧玫瑰紫釉匜（见本书图版33）、仿钧釉杯（见本书图版137）、仿钧灰青釉碗（见本书图版138）等之外，大多数仿钧釉藏品所施釉都是一种以蓝、白两色为基调的窑变釉，其制作采用二次上釉法，先在器物胎体上施一层含铁元素为主的底釉，再于底釉上涂施一层乳浊且富有流动性的白釉为面釉。窑内高温烧制时，釉料内的各种金属元素均需与氧结合，底釉中的铁元素因面釉覆盖处于缺氧状态，被迫还原成为蓝色，加上面釉的渗透和流动，与底釉相互交融，烧成后器物釉面呈现蓝色底釉衬托着或多或少呈放射或流淌状的白点或片状的白絮，似翠鸟的羽毛，故名“翠毛蓝”釉，一般也称翠毛釉。而有的仿钧蓝釉产品釉面流淌感更强，色调也更为浓艳，颇似雨中留下的水迹或大雨浇洒在墙头上的状态，人们形象地美称其为“雨洒蓝”或“雨淋墙”釉。此外，院藏石湾陶藏品除以仿钧蓝窑变釉器为大宗外，还有白釉、米白釉、仿哥釉、米黄釉、黄釉、酱釉、绿釉、绿釉酱斑、绿釉黑斑、墨绿釉、紫金釉、鳝鱼黄釉、玳瑁釉、褐绿彩釉等多种，其中多件清宫旧藏和建院后入藏的绿釉酱斑（见本书图版 12）、绿釉黑斑（见本书图版 13）藏品在传世所见的石湾窑器中可称十分罕见。最后，除施釉陶器制品外，院藏石湾陶藏品中还有素胎不施釉（见本书图版 29）、白地彩绘（见本书图版 140）、黄地加彩（见本书图版 118）等制品，都是明清石湾窑产品中比较特殊的品种。

4. 装饰

明清石湾陶产品主要追求器形的曲线变化和突出釉色的丰富艳丽，相对地如刻划、描绘纹饰等装饰方法使用较少，院藏器亦然，装饰上仅见瓶、炉等器物上塑贴的兽耳、暗环耳、蟠螭纹，模印塑贴的折枝花卉纹、暗刻折枝花卉等。

5. 款识

院藏石湾陶藏品中署款识的器物不多，但所署款识在传世所见明清石湾窑器中都比较典型，如“祖唐居”（见本书图版 48）、“吴南石堂”（见本书图版 29）、“南石堂”（见本书图版 30）、“昇名印”（见本书图版 117）、“昇名”（见本书图版 116）、“刘永传造”（见本书图版 142）等。而院藏酱釉菊花式盘（见本书图版 47）外底所刻“吴东恭印”款识则为海内外传世石湾窑器中所仅见，十分特殊。

结语

综上所述，故宫博物院藏明清及近当代的石湾陶藏品，造型丰富、釉色多样、制作精良、工艺特征典型，它们不仅突出反映了明清及近当代石湾窑陶业生产的工艺水平和特点，也是我们研究石湾窑陶业生产历史问题最具价值的传世资料，而 81 件清宫旧藏的石湾窑“贡陶”传世品，更是明清石湾窑陶业生产与宫廷间联系的实物例证。

附表 1：清宫旧藏明清石湾陶藏品统计表

名称	时代	件数	参考号[15]	原藏位置	点查报告篇目
墨绿釉梅瓶	清	1	吕三一三	养心殿西暖阁	第三编第四册卷一，页二三
仿钧蓝变釉撇口瓶	清	1	吕三一四	养心殿西暖阁	第三编第四册卷一，页二三
白釉塑贴缠枝莲纹梅瓶	明	1	吕八二四	养心殿三希堂	第三编第四册卷一，页四六
雨淋墙釉牛形花插	清	1	出二四三 10	寿康宫后殿	第五编第一册卷一，页三一
翠毛釉梅瓶	明	1	出六七一	寿康宫后院东屋	第五编第一册卷二，页二一
仿钧蓝变釉铺首耳方瓶	明	1	金二八二 85	永寿宫东暖阁	第三编第五册卷二，页三八
酱釉菊花式盘	明	1	律八六三 32	景阳宫后院东北角小库或前院东、西厢房	第二编第五册卷四，页七

续表

名称	时代	件数	参考号	原藏位置	点查报告篇目
仿钧蓝变釉菊花式盘	明	2	露二二三 1	敬事房	第二编第九册卷四，页二〇
绿釉酱斑长颈瓶	明	1	云一〇四五	寿药房	第二编第八册卷二，页七
月白釉出棱觚形壁瓶	明	2	丽七〇三	古董房	第二编第九册卷五，页四三
窑变釉螭耳胆式瓶	明	1	丽一一一七	古董房	第二编第九册卷五，页六六
月白釉牛形花插	清	1	丽一一二一	古董房	第二编第九册卷五，页六七
仿哥釉梅瓶	明	1	丽一四八二	古董房	第二编第九册卷五，页九七
绿釉黑斑铺首耳方壶	明	1	丽一四八八	古董房	第二编第九册卷五，页九七
白釉琮式瓶	明	1	丽一五〇八	古董房	第二编第九册卷五，页九八
白釉盘口瓶	明	1	丽一五五二	古董房	第二编第九册卷五，页九九
月白釉双耳瓶	明	1	丽一六〇一	古董房	第二编第九册卷五，页一〇〇
仿钧釉罗汉坐像	清	36	收九九七 1-36	御花园千秋亭	第一编第五册卷四，页九五
乌金釉只履西归达摩像	清	1	透一一六	御花园延晖阁、位育斋或千秋亭内	
仿哥釉四系瓶	清	1	夜一九七 18	宁寿宫颐和轩	第四编第三册卷四，页二一
米白釉罗汉坐像	清	1	菜七五五	宁寿宫花园萃赏楼后楼楼上	第四编第一册卷五，页一一四
仿钧釉云纹水丞	明	1	觉二一七	原藏位置未定	
翠毛釉象形花插	清	1	发三〇	原藏位置未定	
仿钧釉杯	清	1	P 仪瓷 12667	原藏位置未定	
仿哥釉四棱觚形壁瓶	明	1	往五二八	颐和园	
绿釉环耳瓶	明	1	总五八四	颐和园仁寿殿	
翠毛釉三足炉	清	1	总五七二	颐和园仁寿殿	
仿钧蓝变釉菊花式盘	明	1	总 579、颐	颐和园仁寿殿	
灰青釉莲瓣式瓶	明	1	留[16]13327，热字	承德避暑山庄	
绿釉黑斑塑贴折枝花纹铺首耳瓶	明	1	留 13655, 热字	承德避暑山庄	
黄釉弥勒坐像	清	1	留 14103，热字	承德避暑山庄	
仿钧蓝变釉塑贴狮耳炉	清	1	留 13722，奉字	盛京皇宫	
米黄釉寿星像	清	1	留 13937，奉字	盛京皇宫	
回青釉水丞	明	1	留 8051	承德避暑山庄或盛京皇宫	
黑釉花瓣四足洗	明	1	留 7891	承德避暑山庄或盛京皇宫	
翠毛釉玉壶春瓶	明	1	留 13638	承德避暑山庄或盛京皇宫	

续表

<table>
<tr><th>名称</th><th>时代</th><th>件数</th><th>参考号</th><th>原藏位置</th><th>点查报告篇目</th></tr>
<tr><td>蓝釉红斑胆式瓶</td><td>明</td><td>1</td><td>留 13663</td><td>承德避暑山庄或盛京皇宫</td><td></td></tr>
<tr><td>米白釉弥勒坐像</td><td>清</td><td>1</td><td>留 14014</td><td>承德避暑山庄或盛京皇宫</td><td></td></tr>
<tr><td>仿钧玫瑰紫釉匜</td><td>明</td><td>1</td><td>留 14078</td><td>承德避暑山庄或盛京皇宫</td><td></td></tr>
<tr><td>绿釉黑斑四孔方形花插</td><td>明</td><td>1</td><td>留 14531</td><td>承德避暑山庄或盛京皇宫</td><td></td></tr>
<tr><td>天蓝釉牺耳解式瓶</td><td>明</td><td>1</td><td>留 13634</td><td>承德避暑山庄或盛京皇宫</td><td></td></tr>
<tr><td>窑变花釉鱼尾瓶</td><td>清</td><td>1</td><td>留 13641</td><td>承德避暑山庄或盛京皇宫</td><td></td></tr>
<tr><td>灰蓝秞方渣斗</td><td>明</td><td>1</td><td>留 13713</td><td>承德避暑山庄或盛京皇宫</td><td></td></tr>
<tr><td>灰蓝秞方渣斗</td><td>明</td><td>1</td><td>留 13714</td><td>承德避暑山庄或盛京皇宫</td><td></td></tr>
<tr><td>总计</td><td colspan="5">81 件</td></tr>
</table>

附表 2：故宫博物院外拨旧藏明清石湾陶藏品统计表

<table>
<tr><th>器形</th><th>数量</th><th>原藏位置</th><th>外拨地点</th></tr>
<tr><td>石湾窑白釉琮式瓶</td><td>1</td><td rowspan="4">古董房</td><td>拨广东省博物馆</td></tr>
<tr><td>石湾窑盘口瓶</td><td>1</td><td>拨广东省博物馆</td></tr>
<tr><td>石湾窑白釉琮式瓶</td><td>1</td><td>拨佛山市博物馆</td></tr>
<tr><td>石湾窑白釉琮式瓶</td><td>1</td><td>拨对外文委</td></tr>
</table>

注 释

1 曾广亿、古运泉、宋良璧：《佛山石湾、阳江石湾古窑关系初探》，《石湾陶展》，香港冯平山博物馆，1979 年。

2 曾广亿：《南海奇石唐宋窑址调查》，《广东文博通讯》1973 年第 1 期。

3 （清）阮元：《广东通志》卷九七《舆地略》十五。

4 （清）屈大均：《广东新语》卷一六《器语》。

5 黄卫文：《清宫旧藏石湾窑广钧器研究》，《中国古陶瓷研究》第 18 辑《外销瓷器与颜色釉瓷器研究》第 507 页，故宫出版社，2012 年；《论明清石湾窑“贡陶”· 以清宫旧藏石湾窑器为中心》，《沈阳故宫博物院院刊》总第 15 辑，第 131 页，2015 年 8 月；《再论明清石湾窑“贡陶”：以清宫旧藏石湾窑器为中心》，北京艺术博物馆编《中国石湾窑》第 382 页，华侨出版社，2018 年。

6 据笔者对故宫博物院院藏文物总账的统计，文物名称显示为石湾窑的藏品计有 370 余件，但随着对院藏石湾窑藏品研究的深入，部分院藏石湾陶藏品从生产窑口看非石湾窑产品，故此院藏石湾陶藏品应为 240 余件，这一统计数字与注释 5 中笔者曾经发表的几篇石湾窑论文中所做的统计数字有所出入。

7 《故宫物品点查报告》是 1924 年成立的清室善后委员会清点紫禁城内现存文物时所编著的藏品目录，其清点工作依据《千字文》对宫中各处存留物品进行编目，每一字都对应一处宫殿或地点，如“丽”字对应的是紫禁城内廷乾东五所之第五所“古董房”。依据旧藏文物的“千字文”编号一般可以找到该文物在宫中的原藏位置。

8 同注释 5。

9 清室善后委员会：《故宫物品点查报告》第一编，第五册，卷四，第 95 页，1925 年 4 月刊行。

10 清室善后委员会：《故宫物品点查报告》第五编，第一册，卷二，第 31 页，1925 年 12 月刊行。

11 清室善后委员会：《故宫物品点查报告》第二编，第九册，卷四，第 20 页，1925 年 7 月刊行。

12 （民国）许之衡：《饮流斋说瓷》第二卷《说窑第二》，第 145 页，《中国陶瓷名著汇编》，中国书店影印本，1991 年。

13 （民国）刘子芬：《竹园陶说》第 93 页，《古瓷鉴定指南三编》，北京燕山出版社，1993 年。

14 （民国）许之衡：《饮流斋说瓷》第二卷《说窑第二》，第 145 页，《中国陶瓷名著汇编》，中国书店影印本，1991 年。

15 清宫旧藏文物的原始文物编号。1924 年逊帝溥仪被逐出紫禁城后，当时的政府成立了清室善后委员会清查紫禁城内的存留物品，并以《千字文》的字序对各宫殿处所编号后清点其中的存物现状，再汇录成册编辑出版了《故宫物品点查报告》这一清宫存物的原始档案，因此千字文号也成为故宫旧藏文物的原始参考号。参阅其号，对比点查报告中的记载，可知大多数清宫旧藏器在宫中的原有陈设或存贮位置。

16 “留”即“留平”文物号，是指抗战时期留在北平（北京）未随故宫文物南迁的文物，均为原“古物陈列所”保存的承德避暑山庄或盛京皇宫（今沈阳故宫）的清宫原藏文物。1946 年古物陈列所并入故宫博物院。

A Review on Collection of Shiwan Pottery in the Palace Museum

Huang Weiwen

Abstract

Located in Foshan City of Guangdong Province, Shiwan kilns are well-known for pottery of distinctive Lingnan style. As historic pottery production centre, Shiwan kilns are noted for diverse products. Among them, the most prestigious ones, produced in the Ming and Qing dynasties and contemporary period as well, include decorative pottery, pottery for daily use as well as figural sculptures of human or animal. From the Ming Dynasty till today, pottery wares for daily use, decoration, architecture or garden from Shiwan kilns are not only very popular in Guangdong, but also exported in large-scale to different countries, in particular to Southeast Asia. Even nowadays, Foshan City, where Shiwan kilns were located during the Ming and Qing dynasties, is known as 'Pottery Capital of Lingnan Area', and is yet one of the most influential centres for ceramics production, both domestically and abroad.

The collection of Shiwan pottery of the Ming and Qing dynasties in the Palace Museum covers a wide range of shapes and glazes. These pottery wares are not only a proof of highly-standardised craftsmanship and production technology of Shiwan kilns in the Ming and Qing dynasties as well as modern times, but also the most valuable materials to study the history of Shiwan kilns. Nearly 81 pieces of surviving wares from the court collections of the Qing Dynasty are concrete evidences showing the connection between Shiwan kilns and the imperial court of the both dynasties.

Keywords

Shiwan Kilns, the Palace Museum, Pottery

石湾缸瓦胜天下
——试析古代石湾窑陶器的生产与外销

万钧

石湾地区的制陶历史悠久，可以追溯到四千多年前的新石器时代晚期。1977 年广东省博物馆和佛山市博物馆联合对澜石镇河宕遗址进行了发掘，发现了面积 1 万平方米的新石器时代晚期遗址，有大量生活居住遗迹和文化遗物，出土陶片 4 万余片，可复原陶器近 20 件，"夹砂陶、泥质陶、红陶、白陶、几何形印纹陶、彩陶、软陶、硬陶同时并存"，"几何形印纹陶相当盛行发达，印纹种类达 30 多种"，"陶器上还发现有 70 个、46 种刻划符号（或称陶文）"。"河宕遗址出土的各种陶器标本，经佛山陶瓷研究所检测，认为河宕的制陶工艺已经采用了拉坯成型的轮制技术。"[1] 还在澜石鼓颡岗发现大批战国的米字纹、方格纹硬陶片[2]。1961 年，广东省文物管理委员会分别和广东省哲学社会科学研究所、中央美术学院合作，两次对澜石的大松岗、八仙岗东汉墓进行清理，出土器物"133 件，有罐、壶、小口瓶、簋、盂、鼎、釜、豆、奁、杯、钵、盆、勺、耳杯、盘、碟等陶质器皿 98 件，井、灶、屋、水田、船、车盖、女俑、马、牛、羊、猪、狗、鸡、鸭等陶质模型 27 件……"，"陶器皿以釉陶数量最多，占总数的一半以上，红陶主要是模型；灰陶最少，只有 13 件。陶器皿中 65％饰划纹，有弦纹、方格纹、水波纹、篦点纹、线纹，素面次之，印纹和镂孔最少"[3]。由于没有发现窑址，不能肯定这些陶器是石湾窑制品，但应该可以说明，此时的制陶技术与石湾窑或石湾窑的形成应该有某种渊源关系。"作为陶瓷生产基地，石湾最少有两条明显的历史脉络联系着南海县的两个地方，即西南的西樵山和西北的奇石。以大帽岗为起点，到西樵山和奇石各约十五公里，形成了一个约略的等腰三角形。此外，唐宋时期，南海县北部的官窑和东部的皇帝岗（即今广东西村）也与石湾的生产有关联。"[4] 过去几十年来，经过文物工作者的不断探索，石湾窑的历史发展脉络逐渐清晰。从根本上讲，石湾窑是岭南具有一定影响力的地方陶瓷窑口，对它的研究应该紧密结合岭南地区的社会历史、经济环境、人文风尚，充分发掘地方文献、考古遗迹和实物遗存，才能对其有更为全面和深入的认识。本文在以往研究的基础上，着重梳理前述各项资料，旨在理清石湾窑制陶各时期的大致历史脉络，特别是石湾窑的生产及外销状况，深化我们对石湾窑的了解和认识。

一　石湾窑的考古发现

1957 年，广东省文物管理委员会、佛山市文化局在石湾镇东部大帽岗的一条深沟中发现了唐宋时期的陶瓷残片堆积。1962 年，广东省博物馆对大帽岗古窑址又进行了一次调查探掘，在西部近岗顶处发现宋窑堆积，"宋窑下压着唐代窑址，出土物有青黄釉平底碗和高身陶罐等，这些遗物和石湾、澜石一带唐墓中出土的同类器形相同"[5]。1976 年，对石湾西北的南海小塘奇石窑唐宋窑址进行了发掘，主要集中在虎石山、大庙岗等九座山岗，共有20多座北宋时期的斜坡式龙窑，其中3座下面压着11座近似半椭圆形的唐代小型馒头窑，出土有碗、盘、罐、坛等残片，装饰印花、刻花和彩绘，以青黄釉和酱黄釉为主，并有少量窑变釉。一种青黄釉罐肩上多有款识，纪年款有"嘉祐□□□""政和六年"等北宋年号和"己巳年""庚午年"等干支纪年[6]，为判断此处窑址的烧造年代提供了准确依据。佛山市博物馆现藏有一件"奇石"款陶器标本，系1978年在此窑采集，为奇石窑的烧造地点和定名提供了可靠的实物证据[7]。

奇石北约10公里是南海北部的官窑，也有密集的古窑址和大量弃置的和石湾、奇石一样的唐宋陶瓷片，大多是日用陶瓷，以青黄釉、酱褐釉居多[8]。故宫博物院部分专家于20世纪80年代、2013年对官窑及其附近的文头岭窑进行了调查，所获标本均为宋代制品，有瓶、罐、壶、杯、碗、盘、钵、盆、灯和窑具，分别为青釉、青釉褐彩、青白釉、黑釉、酱釉及素胎等品种[9]。

2009年及2010年，佛山市文博工作者在佛山市禅城区美陶花园工地发现大量陶器残片，经广东省文物考古研究所、广东省文物鉴定站专家鉴定，为唐、宋、元、明、清和民国各代制品，其中除了少量唐宋器皿外，大量是南宋至明代的日用陶瓷。唐代器物较少，有青釉罐、青釉碗等，造型和釉色与大帽岗、奇石器物相同；宋代器物较多，有碗、盘、罐、执壶、鬲式炉、带系罐、粉盒、擂碗等；元代器物有碗、高足杯、双耳瓶、三足炉、盏杯、灯盏等，釉色有黑釉、酱黑釉、青釉；明代器物有罐、四系罐、执壶、药煲等，主要为黑釉、酱釉；清代至民国，有瓦当、筒瓦等建筑材料和陶塑人物、动物[10]。经调查，这里原为小望楼岗，东平河从北向南绕山冈而过，地理位置非常适合陶瓷生产和运输。

二　石湾窑的创烧与发展

根据前述考古发掘资料，学界一般把唐、宋、元时期作为石湾窑的创烧与发展期。由于考古材料的局限，我们对这一时期石湾窑的历史只能作简单总结，以明了其历史脉络。

唐代是石湾窑的创烧期，采用平面近似半椭圆形的馒头窑生产日用陶器为主，主要器形有碗、碟、盆、壶、罐等，另有丧葬用品魂瓶和三足炉等。胎多呈灰及灰白色，胎壁厚，质地疏松。釉以青釉为主，另有酱釉和酱黄釉。日用器多施半截釉，胎釉结合不牢固，多有剥釉现象。底足多见平足、圆饼足，底心凸起。唐代后期有匣钵，碗、碟用叠烧，碗心有垫烧痕迹。有少数魂瓶的肩部或盖上有镂空、捏塑、堆贴的房屋、人物、龙及莲瓣纹，纹饰生动传神，繁而不乱。

宋代石湾窑已形成较大规模的生产，"奇石窑绵延数公里，有20多座龙窑……有的在一个岗上几座龙窑并排在一起。从考古挖掘统计，宋代窑址并列在一起的约占三分之一"[11]，可见生产量之大。器形在唐代的基础上有所增加，有盒、盏、杯、执壶、长颈瓶、梅瓶、香炉、擂钵、坛、缸、茶碾及人物、羊、蟾蜍、兽首等。胎仍多呈灰及灰白色，较粗糙。釉有青釉、酱釉、酱褐釉、黑釉、白釉，以酱褐釉为多，白釉最少。日用器仍多施半截釉。底部多用圈足，采用支钉烧加披缸烧造。匣钵装烧有叠烧，也有一件用一个匣钵者。装饰工艺丰富，有刻花、划花、刻划花、彩绘、贴塑、戳印等。

元代在承续宋代的基础上，石湾窑继续发展。迄今虽然没有发掘出元代的窑炉，但清康熙石湾《太原霍氏族谱》记载石湾龙窑基本上都是以宗族组织来经营，从侧面反映出石湾窑在元代继续使用龙窑。《太原霍氏族谱》中载："霍氏，原籍山西，南宋前迁于广东南雄，宋咸淳九年（1273年），再迁佛山石湾。""三世祖原山公置遗烧作缸瓦窑壹座，坐在大岸塘坊附近莘岗，窑名文灶。"（**图1**）"东西俱十六丈七尺，南北俱二丈五尺。"窑的两边分别开有两排火眼，火眼之间的距离相隔70厘米至80厘米（**图2**）。说明元代已使用大型龙窑，烧造技术有了明显进步。此时仍以生产日用陶器为主，以碗、碟、盆为大宗，并出现了高足杯、盘口瓶、鬲式炉、灯盏等。碗、碟类产品胎呈白色，胎质细腻。

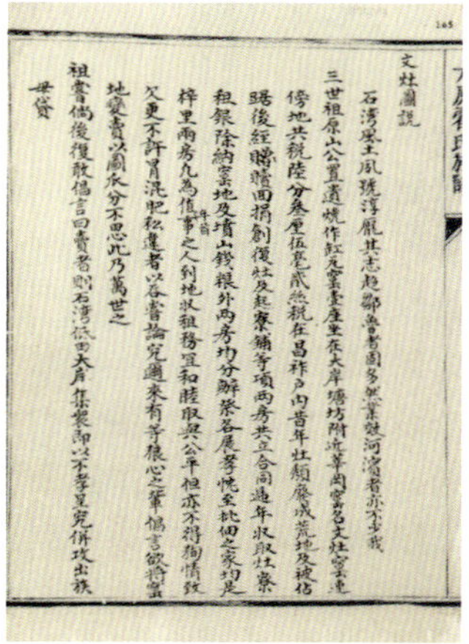

图1 《太原霍氏族谱》中关于文灶的记载（佛山市博物馆藏）

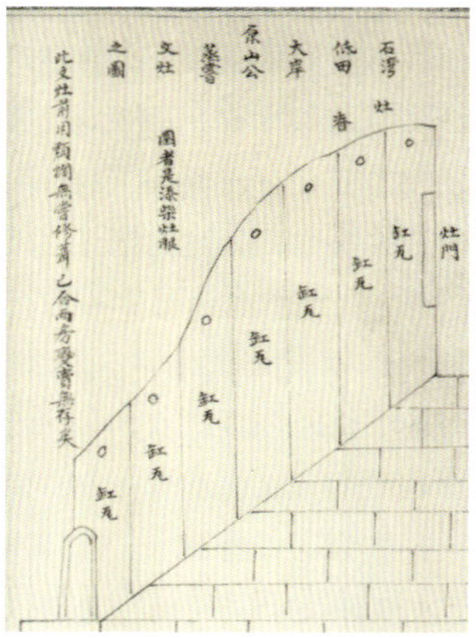

图2 《太原霍氏族谱》中文灶结构图（佛山市博物馆藏）

釉以青黄釉、酱釉、黑釉为主，出现了窑变釉。

三　石湾窑的繁荣与鼎盛

明清时期，由于海内外交通的发达，佛山地区的手工业、商业愈发繁荣。清人刘献廷在《广阳杂记》中记载“天下有四大聚”，即指北京、佛山、苏州、汉口；佛山镇又与汉口镇、景德镇、朱仙镇同享“天下四大镇”之美誉。佛山的繁华带动了石湾的发展，石湾窑制陶业进入繁荣时期。此期的石湾窑产品被称为“石湾缸瓦”“石湾公仔”“石湾陶器”，在岭南地区具有广泛的影响。《粤中见闻》中也有“南海之石湾善陶，其瓦器有黑、白、青、黄、红、绿各色，备及工巧，通行二广”[12]的记录。至于生产的规模之大也不乏记载。清嘉庆时期的林绍光在《拟公禁石湾挖沙印砖说略》中记载：“石湾六七千户，业陶者十居五六。”近代李景康在《石湾陶业考》中也记载：“石湾陶业全盛时代，共有陶窑107座，容纳男女工人六万有余。”虽然两条记载有出入，可能是计算方式的问题，但无论哪条均可看出当时从事陶业的人之多。综合这一时期的文献记载和遗址、实物遗存，我们可以对明清时期的石湾窑陶瓷生产情况作出比较详细的考察，主要体现在以下几个方面。

（一）窑炉技术的进步

石湾陶工在生产中积累了丰富的经验，对元代龙窑进行了改革。明正德年间（1506 ~ 1521 年）的“南风灶”就是在“文灶”的基础上改建的。南风灶把文灶设在窑两旁的火眼由两排增加到五排，每个火眼距离缩小为七八厘米；火眼由窑两侧改至窑顶，并增加三个，使窑内各个部位都能加燃料，便于控制窑内温度，克服窑内不同位置火候不均的缺点，大大减少了过烧和生烧，降低了产品的废品率。同时，还把窑的长度从 30 米增加到 40 米，提高了每窑的产量。更重要的是窑工在长期的实践中摸索出一套装窑和烧造的方法，完全能够根据不同胎质、釉料在同一窑中制造不同的烧成温度和烧成条件，使产品收到预期的效果[13]。标志着石湾窑陶瓷生产达到一个新的水平，为后来石湾窑仿造各地名窑的产品奠定了技术基础。

到了清代，砌窑在石湾已经发展成为一个专门行业，据《石湾蒙氏族谱》记载：“蒙氏兴于明崇祯年间来石湾下约教安坊定居，开始龙窑生理之业。”到二十五代蒙珠一直经营砌窑业，并留下遗文：“自高祖到石湾下约，历代做手工，乃是造缸瓦灶窑及修葺坏烂工夫行头，传至万子万孙。”[14]蒙氏窑炉的最大特点是：长度、宽度和坡度是根据所烧产品的温度来决定的，提高了窑炉烧造产品的专业化，使产品的合格率得到提升；另外，其窑炉的结构无折腰、隆背、胀肚现象，比其他窑炉更适合装烧操作，且节约燃料。所以历经数代而不衰。

（二）釉色日趋丰富

明代以前，石湾窑和其他南方窑场同属一个系统，以青釉为主要色调，发展到明代，石湾窑以仿钧釉为主。《增补古今瓷器源流考》中载：“广窑不知始于何时，至明始著称。”[15]《竹园陶说》中有：“陶器上釉者，明时曾出良工，仿制宋钧红、蓝窑变各色，而以蓝釉中映露紫彩者为最浓丽，粤人呼为翠毛蓝，以其色甚似翠羽也。窑变及玫瑰紫色亦好，石榴红色次之。今世上流传广窑之艳异者，即此类之物也。”[16]可见此时石湾窑大量生产仿钧釉器物，形成了鲜明特色，被称为“广钧”；又因其为陶泥胎，日本人称其为“泥钧”，《饮流斋说瓷》沿用了此说法：“广窑又名泥均，盖以胎骨系以乌泥制成而仿宋均青色之釉汁也。然多淡青带灰，于灰釉之中露出深蓝色之星点，或如云斑霞片，颇呈异彩，视彼窑变泪痕者犹似胜之。”[17]还有将其称为“佛山钧”和“沙钧”者。石湾窑仿钧窑变釉和宋钧窑变釉是有所不同的，宋钧窑变釉是一次上釉，石湾窑仿钧窑变釉是先施一层护胎釉，以填充坯胎上的气孔，再施面釉。石湾窑变釉的色彩较宋钧釉色更加丰富，其中，三稔花釉、雨洒蓝釉、翠毛蓝釉和虎皮斑釉等是名贵品种，三稔花釉颜色浅蓝近于青，因其爆出芝麻状的青、红、紫、白点，似三稔树花而得名；雨洒蓝釉是蓝釉变发葱白点，犹如夏日晴空忽来骤雨，清陈浏《陶雅》赞之为“较之雨过天青尤极浓艳”[18]；翠毛蓝釉是蓝色中掩映绿色，犹如翠鸟的羽毛；虎皮斑釉由黄、绿、紫或黄、黑、紫三色杂斑组成，斑驳陆离。除宋钧的窑变釉外，还仿官窑的粉青、哥窑的百圾碎、定窑的粉定、龙泉窑的梅子青、磁州窑的白地黑花、建窑的鹧鸪斑、景德镇的各色颜色釉等。“石湾窑的颜色釉大致可分为青、红、白、黄、黑五个色系，每个色系因浓淡不同又演变出各种釉色，如青釉中有冬青、粉青、梅子青、翠青、苍绿、深蓝、浅蓝等；红釉中有祭红、宝石红、石榴红、钧红、枣红、橘红、粉红、茄皮紫、葡萄紫等；白釉中有葱白、纯白、牙白、月白等；黄釉中有鳝鱼黄、浇黄等；黑釉中有乌金、黑褐、铁棕、紫金、玳瑁等等，名目繁多。”[19]施釉工艺除了承袭唐宋以来的浸、荡、蘸、浇、刷外，还开始使用吹釉。此外，制坯已使用陶车旋刀，保证了坯体里外平滑，厚薄一致。

（三）专业化分工

随着石湾窑生产规模的扩大、技术水平的提高，专业分工也越来越细。明嘉靖年间（1522 ~ 1566 年）出现了陶业行会，行会最早的条例见于明天启年间（1621 ~ 1627 年）。民国李景康《石湾陶业考》中载：“石湾陶业订定行例，尚有簿籍可稽者，仅传自天启年间，初分八行。”[20]即埕行、大盆行、黑釉行、边钵行、横耳行、猪煲行（扁博行）、钵行、白釉行。至清末，已增至二十四行，新增的有古玩行（公仔行）、缸行、盏碟行、红釉行（甑釉行）、金箱行、塔行、大冚行、面盆行、高博行、水铫行、尾灯行、薄金行（生金行）、茶壶行、茶煲行、花盆行、电具行，所生产的陶器种类有上千种。各行有各行的生产特权，别行不能逾越。这些各自独立的产销行业分别由一定数量的专营商号、寮场作坊及专门或合烧窑炉组成。入行需缴纳入行费，否则无权生产该行的产品。清乾隆前后各行先后订立行规，规定该行产品种类的界限及计件工资、定额工资条款，并张贴于寮场作坊之中。乾隆六年（1741 年）石湾《花盆行历例工价列》（**图3**）中还记载了陶塑屋脊的价格：“乾隆六年八月吉日，朕行东西家会同面议各款工价实银，不折不扣，永垂不朽。胪列于左：下等价列……大号鳌鱼每对银三钱四分八厘、宝珠每座、狮子每对；二号鳌鱼每对银二钱八分八厘、宝珠每座、狮子每对；三号鳌鱼每对银二钱五分八厘、宝珠每座……大号二拱龙每对银一两五钱六分；大号单拱龙每对银一两二钱六分。”[21]行会制度的出现是石湾窑规模化、专业化生产的标志，保障了工人的固定工作和工资，商议决定商品的价格，使商品市场有序发展，避免了恶性竞争，有利于石湾窑陶瓷产业的大发展。

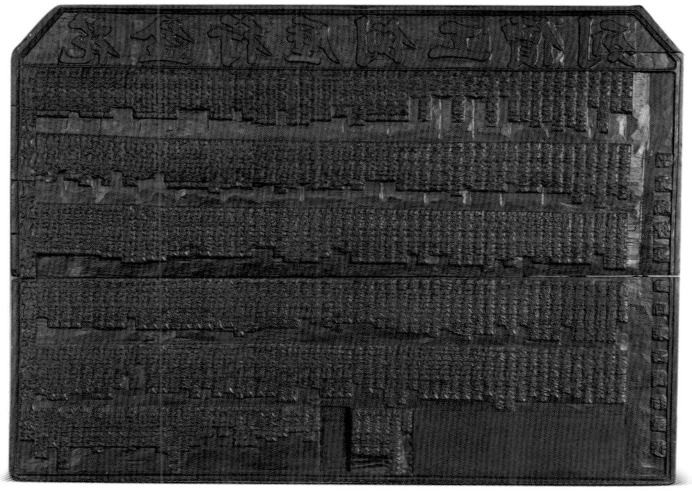
图 3　乾隆六年石湾《花盆行历例工价列》拓片（佛山市博物馆藏）

（四）产品类别多样，特色显著

这时的石湾窑陶瓷产品可分为日用陶器、艺术陶塑和园林建筑用陶三类。

1. 日用陶器

明代以生产日用陶器为大宗。产品主要有碗、盘、杯、盏、钵、煲、罐、壶、盆等，这些日用陶器使用广泛，明代的《霍渭崖家训》载：“凡祠堂祭祀，只三爵用银，外酒瓶、茶瓶、酒盏、茶盏、碗及碟，具用石湾瓦器。”“凡家恒食及会膳食，用石湾瓦器，不许用饶州瓷器。”[22]还大批生产丧葬类陶瓷，佛山鼓颡岗明墓出土了不少黑釉陶坛，其中有的盖内书“洪武八年”“天顺七年”“成化壬午年”[23]。开始生产琉璃瓦，为清代琉璃花脊的成熟奠定了基础。

2. 艺术陶塑

艺术陶塑是在日用陶器的基础上发展起来的，是明清石湾窑发展中的最大亮点之一，艺术陶塑又分为艺术器皿、人物动物陶塑和微陶塑三个部分。

艺术器皿。明代的艺术器皿多仿古代青铜器、玉器的造型和纹饰，有琮、尊、鼎、炉、觚、瓶、爵、匜等，多为文房用具和陈设器。清代艺术器皿得到迅猛发展，造型涉及生活的方方面面，有实用器物、文房用具、陈设器，陈设器不但包括传统陈设器皿，还包括仿生器皿，有瓜果、蔬菜、树叶、枝干、花、鸟、鱼、虫及家具桌、椅、几、凳等。

人物动物陶塑。指陶匠通过捏、捺、贴或模印等手法塑造的人物、动物形象，是石湾窑艺术陶塑中产量最大、题材最丰富、技术水平最高的品种。明代是石湾窑艺术陶塑的兴起阶段，题材一般为佛、观音、罗汉、寿星等像，造型古朴、线条简洁。清代，石湾窑人物陶塑得到迅速发展，在清中晚期达到高峰。在题材上，不仅有佛、道、神仙、民间信仰中的人物，还有民间传说、戏曲故事、历史人物、文人雅士、仕女婴童、市井人物等，面部刻画生动，身体比例准确，衣纹线条流畅，根据要表达的人物特点饰以不同的釉色，面部及手足等肌肤裸露处不施釉，或站，或坐，或卧，或倚，姿态各异，生动传神。这一时期兴起了动物陶塑，题材主要为狮子、熊、水牛、鹿、猫、鹤、鹰、鹌鹑、鸭子等，造型生动活泼，栩栩如生。

微陶塑。指通过微塑的手法，将山石楼台、人物动物、花鸟树木等浓缩为小巧精致的盆景，一般人物只有七分到两寸大。微塑山石楼台，参照中国山水画法，把山水画立体化；微塑人物动物往往重神轻形，以写意求传神，借助他们的动态表现性格特征；微塑花鸟树木，一般根据要表达的情景进行选择，送别塑杨柳依依，欢聚塑百花盛开，寓情于景，情景交融。微陶塑兴起于清末，表现了石湾陶人精妙的工艺水平和高超的造型能力。

3．园林建筑用陶

明代晚期，石湾陶就被广泛应用到园林建筑中，主要有脊饰、花窗、栏杆、花盆、花几等，造型简单，多饰以花卉、鳌鱼、云龙等纹饰。这时它们归属大盆行。乾隆六年与其他行分离，独立成立花盆行，成为石湾制陶业最大行

图 4　广州陈家祠首进西厅正脊上的瓦脊局部

业，其产品种类之多、产量之大为各陶行之冠。当时的石湾《花盆行历例工价列》列出的花盆行陶器种类就有三百多种。尤其到了清中晚期，其产品名目繁多，与其他行业单一化生产形成鲜明对比。光绪年间（1875 ~ 1908 年），其大小商号达 60 家以上，主要有文如璧、吴奇玉、英玉、均玉、宝玉、美玉、瑞玉、陶珍、英华、美华、齐新、广祯祥、上利亚、区大记等，其中均玉、广祯祥、上利亚等均拥有 5 个以上的寮场，最多时雇工一百多人，并有自己的专用窑炉。清末花盆行规模居石湾陶各行之首。

花盆行生产的大型陶塑人物瓦脊曾是我国广东、广西、香港、澳门等地区及东南亚泰国、缅甸、越南、柬埔寨、菲律宾、马来西亚、印度尼西亚、新加坡、文莱等国庙宇、祠堂、会馆、学宫的时尚装饰。陶工们把神话传说、历史故事中的人物按粤剧服饰和功架造型来表现，文官武将、仆童丫鬟，生旦净末丑俱全，以亭台楼阁山石为背景，用麒麟、博古花板等相隔，加上各种动物飞鸟、花卉果蔬做点缀，中间顶部配以鳌鱼、龙凤和宝珠，分段塑制煅烧后，安装在屋脊之上，犹如一出出生动活泼的“大戏”在屋脊上演出。广州陈家祠保存光绪年间石湾人物瓦脊共 11 条（图 4），各条瓦脊由不同的故事组成，包括八仙贺寿、加官晋爵、风尘三侠、尉迟公金殿夺帅印等，首进正中瓦脊长 15 米，共塑造 67 人，描述了穆桂英下山、铁镜公主取令箭、书字换鹤、商山四皓等，每一个走进陈家祠的人都能从不同的角度看到这些人物故事。瓦脊的长度不一，从几米至数十米，上面塑制的人物从数十个至数百个。国内现存最早的石湾人物瓦脊是广西玉林文庙大成殿人物瓦脊，脊上有“嘉庆壬申”（1812 年）年款，由石湾英玉店造，长度超过 11 米。还有双面双层脊，佛山祖庙三门正脊上的瓦脊长 32.02 米（图 5），是光绪二十五年（1899 年）大修时安装的，分上下两层，上层宝珠居正中，两侧对称塑一对鳌鱼和凤凰。下层正、背两面共塑造人物约三百个，正面中间的人物故事是姜子牙封神、引福归堂、和合二仙、西王母与七仙女等，两侧各有花果花板和博古镂空方框，分别塑有“光绪己亥”“文如璧造”，两端外侧各有一组戏剧人物，左为甘露寺，右为舌战群儒，脊端为四块嵌瓜果的夔龙纹；背面中间的人物故事是郭子仪祝寿，两侧为山水人物。此脊是现存最长的石湾瓦脊，被誉为“花脊之王”。据不完全统计，现存

图 5　佛山祖庙三门正脊上的瓦脊局部

中国大陆、港澳和海外的石湾艺术瓦脊还有百余条。

（五）名匠迭出，名店广布

明清时期，石湾窑出现了有名号的工匠和店家，他们在传承前辈的宝贵经验的同时又有许多创新，形成了自己的风格和特点。这些名匠和名店是石湾窑历史的见证，值得重视和研究。这里综合历史文献记载，对历史上的石湾窑名匠名店按时间先后，进行初步整理。

祖唐居，明代石湾陶器名店，擅仿唐三彩，故名"祖唐"。多制日常生活用具。器物底部多钤楷书阴文"祖唐居"椭圆形印章款，印下还有连钤"集古""墨客""美玩林"等印记者。故宫博物院收藏的明石湾窑黄釉菊瓣盘上就有"祖唐居"款，为祖唐居产品。

陈文成，明万历年间（1573 ~ 1620 年）人，擅长制作釉料。其制作的文姬归汉图瓶"五色斑驳明亮，而瓶肩纷作朱砂色，尤为鲜艳可爱"[24]。

杨升，明晚期人，擅长蓝粉色釉，所做器物多仿汉代青铜器造型，尤以制作花瓶见长。作品底部多有行书"杨升"两字长条形印章款，亦有篆书方形印章款。

杨名，明晚期人，擅长仿制古铜器，精于黑釉调制，作品多为黑白两色，器物底部用竹书"杨名"行书二字款，也有篆刻方形印章款者。

苏可松，人称"驼松"，明晚期人，擅长器皿创作，多仿商周青铜器，在模仿和运用钧釉上有独到的建树。款识不一，一般在器物底部刻写非常工整的楷书款，有楷书"可松制""仿商周贯耳壶可松制""甲子春可松制"等。广东省博物馆收藏的明石湾窑仿钧釉螭龙弦纹瓶足内刻楷书"仿周蟠螭瓶可松制"款，明石湾窑翠毛蓝釉笔筒底部刻楷书"甲子乙亥可松制"款，这是一件石湾窑成熟烧造特色釉的典型作品。

陈粤彩，明晚期人，店名以店主名名之"粤彩正记"，擅作酱黄釉、绿釉器物，传世作品有炉和瓜形壁挂，作品底部或内部钤楷书阳文"陈粤彩造"方形印章款，间或钤楷书阳文"粤彩正记"方形印章款，两款大小及字体十分相似。广东省博物馆收藏的明石湾窑仿哥釉壁瓶背面钤楷书"粤彩正记"印章款。

文如璧，清康熙年间（1662 ~ 1722 年）人，店名以店主名名之"文如璧"，到民国初年分为两店，一为"如璧生记"，一为"如璧"。文如璧店早期精制日常用具，广东省民间工艺博物馆藏的青白釉莲瓣纹调色盘底部刻"如璧店造"款；后期精制各式的瓦脊。作品以小见大，立体感强，层次分明，互相呼应，遍及两广及东南亚各国的寺庙、祠堂，光绪二十五年承造了佛山祖庙瓦脊，代表了石湾瓦脊的最高水平。广州陈氏书院、三水芦苞胥江祖庙都是用其瓦脊，在石湾陶艺史上占有重要的地位。

两来正记，清康熙年间石湾窑著名店号，以生产日用器皿为主，多施月白釉、葱白釉、绿釉。器物底部多钤有楷书阳文"两来正记""两来图记"方形印章款，广东民间工艺博物馆收藏的清石湾窑鳝鱼黄釉桃形洗底部钤篆书"两来正记"双方框款。

来禽轩，清乾隆至嘉庆年间（1736 ~ 1820 年）石湾窑著名店号，其产品主要用于出口，广东省民间工艺博物馆收藏的清石湾窑翠毛釉寿字灯盏底部有楷书"来禽轩"椭圆形印章款。

大昌店，清中期石湾窑著名店号，擅长制作日用陶瓷，到晚期做一些人物作品。器物底部一般有篆书阴文"大昌图记"和"陈大昌号"方形印章款，延至清末有楷书阴文"大昌老店"方形印章款，民国时期常见有楷书阴文"陈大昌"长方形印章款。

英玉店，石湾花盆行早期著名店号，产品较丰富，生产瓦脊、照壁等。目前岭南地区所见最早的瓦脊，即广西玉林文庙大成殿人物瓦脊就是该店的产品。

奇玉店，石湾花盆行早期著名店号，存世作品较多，广泛分布于珠三角地区及东南亚一带。该店瓦脊一般有"吴奇玉造”“石湾奇玉店”“粤东奇玉店”等款识。澳门艺术博物馆收藏的多色釉戏剧人物故事瓦脊两侧塑有“光绪元年”“吴奇玉造”。

均玉店，创立于清道光年间（1821 ～ 1850 年），擅长生产瓦脊和大型塑像，曾创作出大量以历史故事、神话故事、民间传说为主题的优秀瓦脊作品，存世作品较多。

黄炳，字云渠，号云屿，又号云渔，别号湾海居士，约生于嘉庆二十年（1815 年），光绪二十年（1894 年）去世，广东石湾魁岗堡人。黄炳擅书画，精于制作动物和人物，他将国画中的工笔丝毛技法运用到刻划陶塑动物羽毛上，创造了陶塑“胎毛法”和搓珠、镶眼和点睛等技法，奠定了其在石湾陶塑史上一代宗师的地位。所塑动物毛羽纤毫毕现，双目炯炯有神，栩栩如生。其中以“黄炳鸭”及“黄炳猫”最为人喜爱。广东省博物馆收藏的清石湾窑素胎金丝猫为其作品。其作品有“黄云屿”“湾海居士黄云屿”“云屿”“云屿氏”“云屿黄炳”“黄炳”“黄炳制”“黄炳之印”款，佛山市博物馆藏的清石湾窑青白釉寿星坐像底部刻有行书“黄云屿”款，清石湾窑素胎羲之戏鹅立像底部钤有楷书“黄炳制”方形款。

黄古珍，原名黄鉴荣，字鉴清，号樵谷山人，清道光至光绪年间人。精于制作器皿，也塑人物、鸟兽，还擅长山水和金石文字。传世作品多为花瓶、笔筒、壁挂等。装饰喜作浮雕，常绘有山水并配以诗文，施五色彩釉，诗书陶艺并茂，成为其作品风格之一大特色。早期作品都不署名，中期用颜色釉在器物上写名，晚期用竹刀刻名或钤楷书阴文“古珍”方形印章款。佛山市博物馆藏的清石湾窑多色釉日神月神是黄古珍人物塑像的代表作品，其座上蓝釉楷书“黄古珍”三字横款。

冯秩来，清道光年间人。精于制作器皿，器物底部钤楷书阳文“冯秩来”长方形印章款、“秩来巧造”方形印章款。

陈祖，字世盛，绰号“大难祖”，清晚期人。擅长瓦脊人物。少年时师从黄炳，后受雇于奇玉店。擅塑瓦脊人物，手法豪放，不拘泥细部刻画，删繁就简，以夸张的手法突显人物的神韵，具有强烈的视觉冲击力，是石湾陶塑“意塑派”的代表人物。他的作品很少钤自己的姓名。

宝玉店，创立于清晚期，一直延续到 1953 年。以制作瓦脊闻名，有“台湾宝玉”“宝玉荣”“吴宝玉”等款识。

刘辉胜（1864 ～ 1939 年），经营“刘胜记”陶瓷店。善造公仔，作品骨骼劲健，比例匀称，神态逼真，当其造到满意的山公时便在底部加盖圆圈，圆圈越多，表示对作品越满意。其将石湾山公仔技术推上一个高峰，在业界内享有“山公王”的美誉。

陈渭岩，原名胜，又名惠南，号惠岩，又号养云居士，别号诚一道人，晚年又号壶隐老人，生于同治年间（1862 ～ 1874 年），1926 年去世，广东石湾魁龙里人。在人物、动物和器皿方面都有极高的造诣，把西洋人体解剖比例精确的长处融会到石湾传统陶塑中，开一代新风。宣统二年（1910 年）应澳门出品协会之约的自塑像，造型比例准确，神态生动，栩栩如生。同时擅长仿制宋代名窑的颜色釉。所用款识颇多，有篆书阳文“陈渭岩制”“岭南陶隐居陈渭岩诚一窑制”“粤东渭岩氏制”“粤东陈渭岩章”“养云居士”“诚一道人”方形印章款及“岭南”“陶隐”长方形组印款，晚年有楷书阳文“壶隐老人”方形印章款或楷书阴文“壶隐老人制”双排款等。澳门艺术博物馆藏有一件清石湾窑古铜釉六祖坐像，底部篆书“岭南陶隐居陈渭岩作于羊城诚一窑制”，是其代表作之一。在他就职于广东陶业公司制作的作品上都有“广州西门内大纸巷广东陶业公司谨识工程师陈渭岩敬制”款。

潘玉书（1889 ～ 1936 年），名麟，字玉书，南海九江人。陈渭岩入室弟子，精于人物塑造，尤以仕女见长。有着石湾传统雕塑的深厚基础，还在广州向一位意大利艺术家学习过西洋雕塑，又善于借鉴中国绘画，所塑人物比例准确，神采毕现。潘玉书艺成之后，先以出卖坭坯“原作”为生，后开作坊“潘玉书古玩”店。民国时一名收藏石湾陶器的人介绍潘玉书：“玉书……论其技，不仅制土而已也。其少习文事，以性灵独得天厚，而偏僻于研讨古人个性……初期作品，乏后期之神妙，以迄创制达摩，手持只履，深得时人称赞，一经品题，声价十倍，于是名满南中矣。”[25] 其作品上一般有篆书“潘玉书制”和“潘玉书”方形印章款。后期自开作坊，店号“潘玉书古玩”。广东民间工艺博物馆收藏的清末民初石湾窑贵妃醉酒立像，是他的代表作之一。他的人物塑造技法对后世影响深远，成为石湾人物陶塑的一代宗师。

陈赤，绰号“老猪赤”，与潘玉书同时代的著名艺人。曾到景德镇学习陶瓷艺术。他本人奇瘦，常对镜裸体自为模特儿，擅制瘦骨仙人，又擅制福禄寿三星。人物衣纹多用平行线，袖口均用双层，以示重衣。其作品多无款识，因此只有根据潘玉书袖口衣纹较为复杂、陈赤只用双层的特点来鉴别是谁的作品。

刘佐潮（1890 ~ 1933 年），广东顺德人，清末石湾陶塑名家刘辉胜之子，后继承“刘胜记”陶瓷店。擅长塑造人物，以市井小民的日常生活为创作题材，包括读书、说唱、瞌睡、乘凉、打蚊子、抽水烟等，突出岭南人的特征——清瘦、凸额、深眼、高颧骨、凹腮、露齿、翘下巴，神态刻画入木三分，多施以自制的乳浊釉，别具特色。作品钤楷书“刘胜记”“石湾刘胜记”长方形印章款、竹刀刻行书阴文“刘佐潮作”“刘佐潮”长方形款，间或钤楷书阴文“佐潮作”“刘佐潮”长方形印章款。石湾美术陶瓷厂收藏的清末民初石湾白釉读书公坐像钤楷书“刘胜记”“佐潮制”长方形印章款，是其传世作品之一。

（六）进入宫廷

据统计，故宫博物院现藏有 81 件清宫旧藏[26]石湾窑陶器，其中明代 31 件、清代 50 件。以瓶种类为最多，包括琮式瓶、长颈瓶、盘口瓶、胆式瓶、贯耳瓶、兽耳瓶、环耳瓶、梅瓶、莲瓣式瓶、方瓶、壁瓶等，花插有牛式花插、象式花插、四孔方花插，还有碗、盘、缸、炉、洗、水丞、水注、渣斗及神佛造像等。至今查到的最早档案为清宫《内务府活计档》“木作”：乾隆八年（1743 年）十二月“初十日，七品首领萨木哈来说：太监胡世杰交宜兴挂釉瓜棱罐一件……传旨……其瓜棱罐并英雄觥俱各认看。钦此。……于本月十一日，七品首领萨木哈……宜兴挂釉瓜棱罐系广东石浣女子承作……交太监胡世杰呈进”[27]。此条档案可以说明清宫旧藏石湾窑陶器至少在乾隆时期已经进入清代宫廷，至于 31 件明代器物是否是明宫遗存有待于资料的继续发现。

故宫博物院研究馆员黄卫文先生依据清宫历朝《陈设档》和《故宫物品点查报告》的原始记录，对旧藏石湾窑陶器藏品做了深入的比对研究，其中大部分藏品能够找到它们在宫中的原藏地点，藏于养心殿的有明白釉塑贴缠枝莲纹梅瓶，清仿钧蓝变釉撇口瓶（见本书图版 105）、墨绿釉梅瓶（见本书图版 104）；藏于寿康宫的有明翠毛釉梅瓶（见本书图版 2），清雨淋墙釉牛形花插（见本书图版 124、125）；藏于永寿宫的有明仿钧蓝变釉铺首耳方瓶；藏于景阳宫的有明酱釉菊瓣盘；藏于敬事房的有明仿钧蓝变釉菊花式盘两件（见本书图版 44、45）；藏于古董房的有明仿哥釉梅瓶等 8 件，清月白釉牛形花插一件；藏于千秋亭的有清各色釉罗汉坐像 36 件（见本书图版 52 ~ 87）等，以及颐和园、避暑山庄、盛京皇宫都有收藏[28]。其中藏于敬事房的两件明仿钧蓝变釉菊瓣盘记载于光绪十五年（1889 年）《敬事房赏用瓷器实存》档中：“奏明敬事房赏用瓷器旧存，自光绪十三年十一月十一日起至十四年十一月十日止……均釉瓷洗两件……”从以上原藏地点可以了解到石湾窑陶器在清宫的陈设状况，还可以从原藏地点包括皇帝的正寝和处理日常政务之宫养心殿、太后居住之宫寿康宫等看出其在清宫中是占有一席之地的。

清宫旧藏石湾窑陶器有极大可能是明清石湾窑“贡陶”的珍贵遗存。

四　石湾窑的外销

石湾位于广州海湾的边缘，距广州约 20 公里，石湾窑位于佛山市禅城区石湾镇东平河北岸和东北岸，有东平河和汾江直通广州，石湾窑的陶器外销主要是从广州港出发。

广州港是我国的外贸大港，自唐至清，历久不衰。唐代在广州创设市舶使[29]，专门管理对外贸易事务。宋太祖开宝四年（971 年）在广州设立市舶司，后又在杭州、明州（今浙江省宁波市）、泉州等地相继设立市舶司，在佛山设立市舶务。市舶收入成为宋朝重要的财政收入之一。宋高宗曾说："市舶之利，颇助国用，宜循旧法，以招徕远人，阜通货贿。"[30]《诸蕃志》一书中列举的50多个国家和地区和宋发生贸易，有30个国家或地区用瓷器进行，最远的包括非洲的坦桑尼亚等[31]。《萍洲可谈》记述了当时广州港陶瓷出口盛况："舶船深阔各数十丈，商人分占贮货，人得数尺许，下以贮物，夜卧其上。货多陶器，大小相套，无少隙地。"[32]元代，广州、佛山、惠州、潮州等地的多个窑口成为广州港对外贸易的陶瓷生产基地。明代，隆庆元年福建开放月港后，广州的对外贸易也随之有了长足发展。王临亨《粤剑编》中有："余驻省（广州）时，见有三舟（古里）至，舟各贵白金三十万，投税司纳税，听其入城与百姓交易。"[33]如按月港对只载有白银从吕宋回航的中国船只征收2%的"加征饷"计算，广州对古里这三艘船就应征收一万八千两白银。月港开放后税收最多的一年是万历二十二年（1594年），为二万九千两白银。相比可见广州海外贸易的兴盛。清代，雍正十年（1732年）广东巡抚杨永斌给雍正皇帝的奏疏言："广东省城洋商贾舶云集，而一应货物俱在南海县属之佛山镇贸易。"[34]《佛山忠义乡志》载："四方商贾之至粤者，率以佛山为归，河面广逾十寻，而舸舶之停泊者鳞砌而蚁附，中流行舟之道至不盈数武，桡楫交击，争沸喧腾，声越四五里，有为郡会之所不及。""阛阓群列，百货山积，反希觏之物，会城所未备者，无不取给于此。"[35]《南海县乡土志》有"缸瓦窑，石湾为盛，年中贸易过百万，为工业一大宗"[36]，《广东新语》中有："石湾之陶遍二广，旁及海外之国，谚曰：'石湾缸瓦，胜于天下。'"[37]在明清时期广州港的陶瓷贸易中，石湾仅次于景德镇，居第二位[38]。

以下从考古调查看石湾窑陶器的外销。

宋代，日本饮茶之风盛行，进口了大量被称为"吕宋壶"的储茶坛。1978年，石湾北宋窑址出土了大量这种"吕宋壶"的器物和残片，证实了所谓的"吕宋壶"是中国石湾窑所产，只不过绕道菲律宾传入日本[39]。这也说明石湾窑的储茶坛在宋代大量外销菲律宾。

2003～2004年，台湾台南县新市乡社内遗址发现大批16～19世纪的陶瓷器，其中有来自石湾窑的仿钧釉的陶器以及褐色釉、酱色釉的盆、钵、碗、碟、壶、罐、盖等[40]。这一时期台湾地区是我国瓷器外销的中转地。

2002年10月，香港考古学会前会长区家发带领考古人员在香港九龙钻石山基建工地进行考古抢救探掘，出土遗物1536件，其中宋代遗物1285件，北宋石湾奇石窑酱黄釉、酱褐釉、酱黑釉、青釉陶片603片，器形有壶、罐、盆及擂钵4种；元代遗物35件，石湾窑酱色釉陶片20片，器形有碗、钵、盆、罐；明代遗物44件，石湾窑酱色釉陶片19片，窑变釉陶片3片，器形有罐、盆、瓶、枕[41]。香港是古代广州对外贸易的外港，也是商船临时停泊和货物转运的港口，是我国古代陶瓷大量输出东南亚各国必经之地，这些石湾窑陶片应为当时的遗物。2003年8月，区家发又带领考古人员在香港元朗鳌墈进行考古发掘，出土遗物共4000多件，其中有五代南海官窑彩绘盆片5片；宋代陶瓷1662片，石湾奇石窑酱黑釉、酱黄釉陶片678片，器形有碗、壶、钵、罐、盆及擂钵6种；明代遗物10件，石湾窑仿钧釉陶片5片，器形有缸、盆两类。这次发掘出土的古陶瓷碎片均属海水冲积堆积[42]。

1974年和1975年，广东省博物馆等单位先后两次到西沙群岛进行考古调查，发现西沙海底有30多个地点堆积有大量我国古代外销瓷，调查队从海底采集到南朝到明清，来自广东各窑口的2000多件陶瓷标本中，就有相当部分是宋代石湾窑日用陶器[43]。

1980年5月广东考古与地质工作者在海南岛琼州海峡铺前湾和新溪角古代贸易港口遗址中发现了大量外销瓷器碎片，其中包括宋代广东潮州、廉江、遂溪、石湾等窑的产品[44]。

1977年，美国专门研究石湾陶器的施丽姬博士对东南亚各地以及我国香港、澳门、台湾进行了调查，在宇宙寺院的屋顶上，保留完整的年代多数为清代末期的石湾瓦脊有近百条。大多瓦脊都有店号，有"奇玉""文如璧"等，主要分布在马来西亚的吉隆坡、槟城，印度尼西亚，新加坡，泰国的曼谷，越南的西贡和中国的台湾、香港、澳门等地[45]。近年来，广东省佛山市博物馆组织了石湾窑瓦脊研究专题小组，对珠江三角洲地区以及东南亚华人聚居地做了一些调查，发现珠江三角洲以外的我国广西、台湾、香港、澳门和新加坡、马来西亚、缅甸、越南、泰国、柬埔寨等国的庙宇寺院完整保留有清代中期至晚期从石湾出口到当地的陶塑人物或花卉瓦脊近百条，建筑饰品无法统计[46]。

阿拉伯半岛东南部的苏丹阿曼索哈地区，出土了五代南海官窑彩绘盆、北宋南海奇石窑酱黑釉四耳罐、明代石湾窑杂色釉骑狮人物像和黑釉三足炉等[47]。

1966 年 5 月，日本古陶瓷学者三上次男和日本出光美术馆中东考察队对埃及红海岸边的古代港口埃得哈卜进行了调查，采集了 171 片黑釉瓷，其中有一片中国的黑釉罐片上带有“清香”二字的窑戳，很明显是产于广东石湾窑，时代是 13 ～ 14 世纪。石湾窑产品曾作为盛放香料等物品的容器大量运往东南亚，这件罐有可能是经过东南亚的某个港口运到埃及来的[48]。这条资料同时也说明东南亚应该还有这种罐或其残片的存在。

从 9 世纪至 19 世纪中叶，在肯尼亚古代遗址和墓葬出土的中国瓷器，无论是品种和花样都十分丰富。出土的瓷器有浙江龙泉青瓷、江西景德镇和乐平青花瓷、青白瓷和釉里红瓷，还有广东佛山青瓷、福建德化白瓷及各式彩瓷等[49]。

以上转运地的遗存，目的地出土的残器和庙宇寺院保留的陶塑人物花卉瓦脊、建筑饰品，都证实了石湾窑陶器在我国古代已被运销到东亚、东南亚、北非和东非。随着庙宇寺院调查的逐步深入、考古工作的进一步开展、对出水和出土陶瓷的深入研究、辨别窑口工作的不断细化，相信会有更多石湾窑产品出现，部分目前笼统划归广东窑口或福建窑口的器物会被确定为石湾窑产品[50]。

结语

综上所述，石湾地区的制陶历史可以追溯到四千多年前的新石器时代晚期，石湾窑有窑炉可考的历史可以追溯到唐代，唐宋元是石湾窑的创烧和发展期，明清是石湾窑的繁荣和鼎盛期。这期间石湾窑进行了窑炉的更新换代，使产品的装烧量大增，温度得到更好的控制，产品的成品率提高；釉色的仿制和发展，使产品从主要为青釉、酱釉发展到青、红、白、黄、黑五个色系，每个色系因浓淡不同又演变出更多釉色，五彩缤纷，绚丽多彩；种类的提升和跨界，使产品由实用器发展到艺术陶塑和建筑装饰用陶，特别是大型陶塑人物瓦脊在庙宇、祠堂、会馆、学宫等处的运用，达到了别具一格的装饰效果，充分诠释了岭南文化；陶业行会的出现，行规的订立，保证了寮场作坊的利益和工人的固定工作及工资，规范了商品的价格，避免了商家之间的恶性竞争，促进了石湾窑的专业分工越来越细，是石湾窑规模化、精细化生产的保障，以至石湾窑出现了大量的名家名店，反过来又推动了石湾窑陶瓷产业的大发展，还远销到东亚、东南亚、北非和东非，赢得“石湾瓦，甲天下”[51]的美誉，成为岭南地区颇具影响力且自身特色显著的陶瓷生产基地。另外，故宫博物院现藏的 81 件清宫旧藏的石湾窑陶器及清宫《内务府活计档》对石湾窑陶器的记载，可说明石湾窑陶器至少在乾隆时期已经进入清宫廷，有极大可能是明清石湾窑“贡陶”的遗存。

注 释

1 杨式挺：《佛山河宕史前遗址的重要发现》，《岭南文史》2007 年第 3 期。
2 林乃燊、邹华、石稳：《石湾陶瓷的源流、特色和历史地位》，《中山大学学报》（社会科学版）1980 年第 3 期。
3 广东省文物管理委员会：《广东佛山市郊澜石东汉墓发掘报告》，《考古》1964 年第 9 期。
4 林乃燊、邹华、石稳：《石湾陶瓷的源流、特色和历史地位》，《中山大学学报》（社会科学版）1980 年第 3 期。
5 佛山市博物馆：《广东石湾古窑址调查》，《考古》1978 年第 3 期。
6 佛山市陶瓷工贸集团公司编：《佛山市陶瓷工业志》，广东科技出版社，1991 年。
7 北京艺术博物馆编：《中国石湾窑》第 18 页，中国华侨出版社，2018 年。
8 林乃燊、邹华、石稳：《石湾陶瓷的源流、特色和历史地位》，《中山大学学报》（社会科学版）1980 年第 3 期。
9 故宫博物院编：《中国古代窑址标本 · 广东 海南》第 452 ～ 477 页，故宫出版社，2019 年。
10 李燕娟、梁君：《美陶花园工地出土陶瓷器物简报》，《石湾陶》2010 年第 2 期。
11 佛山市陶瓷工贸集团公司编：《佛山市陶瓷工业志》第 41、42 页，广东科技出版社，1991 年。
12 （清）范端昂：《粤中见闻》卷二三《物部三 · 瓦缸》第 264 页，辑入《岭南丛书》，广东高等教育出版社，1988 年。
13 林乃燊、邹华、石稳：《石湾陶瓷的源流、特色和历史地位》，《中山大学学报》（社会科学版）1980 年第 3 期。
14 佛山市陶瓷工贸集团公司编：《佛山市陶瓷工业志》第 76、77 页，广东科技出版社，1991 年。
15 （民国）邵蛰民辑，余戟门增补：《增补古今瓷器源流考》卷下《器式第五 · 广窑》第 4120 页，《中国古代陶瓷文献辑录 · 8》，全国文献微缩复制中心，2003 年。
16 （民国）刘子芬:《竹园陶说》六《广窑（广彩）》第 2956 页，辑入黄宾虹、邓宾编《美术丛书》第 3 册“四集第九辑”，凤凰出版社，1997 年。
17 （民国）许之衡：《饮流斋说瓷》“说窑第二”第 1686 页，辑入黄宾虹、邓宾编《美术丛书》第 2 册“三集第六辑”，凤凰出版社，1997 年。
18 （清）陈浏：《陶雅》中卷，民国静园丛书本。
19 黄晓蕙：《广东佛山石湾窑的形成、发展及繁盛成因探析》，《四川文物》2005 年第 6 期。
20 （民国）李景康：《石湾陶业考》，载广东文物展览会编《广东文物》下册卷十《鉴藏考古门》，第 39 ～ 47 页，广东人民出版社，2013 年。
21 广东省社会科学院历史研究所中国古代史研究室等：《明清佛山碑刻文献经济资料》第 47 页，广东人民出版社，1987 年。
22 （明）霍韬：《霍渭崖家训》卷一第五，载《涵芬楼秘笈》第二集，第 17、18 页，上海商务印书馆，1917 年。
23 曾广亿：《佛山鼓颡岗宋元明墓记略》，《考古》1964 年第 10 期。
24 （民国）李景康：《石湾陶业考》，载广东文物展览会编《广东文物》下册卷十《鉴藏考古门》，第 39 ～ 47 页，广东人民出版社，2013 年。
25 王幽谷:《广东文物》，《中国日报》1940 年 3 月 3 日，载广东文物展览会编《广东文物》卷一《报章类》第 271 页，中国文化促进会，1941 年。
26 所谓清宫旧藏文物，是指 1925 年故宫博物院建院之际点查接收的紫禁城内以及其他几处清代皇家宫苑，如颐和园、避暑山庄、盛京皇宫等处的清宫原藏文物。
27 中国第一历史档案馆、香港中文大学文物馆：《清宫内务府造办处档案总汇》第 11 册，第 442 页，人民出版社，2005 年。此处的“石浣”应该是“石湾”的误写，因为广东并没有叫“石浣”的地名。
28 黄卫文：《清宫旧藏石湾窑广钧器研究》，《外销瓷器与颜色釉瓷器研究》，故宫出版社，2012 年。
29 市舶使的创设时间学界有太宗说、高宗说、玄宗说等，在此不进行探讨，笼统为唐。
30 （清）徐松：《宋会要辑稿 · 职官》，《续四库全书 · 史部 · 政书类》第 515 页，上海古籍出版社，2002 年。
31 （宋）赵汝适：《诸蕃志》，中华书局，1985 年。
32 （宋）朱彧：《萍洲可谈》卷二，清文渊阁四库全书本。
33 （明）王临亨：《粤剑编》卷三《志外夷》第 91 页，中华书局，1987 年。
34 （清雍正）《朱批谕旨》第 52 册，第 13~14 页。
35 （清道光）《佛山忠义乡志》卷一二《金石》。
36 （清光绪）《南海县乡土志 · 矿物制造》。
37 （清）屈大均：《广东新语》卷一六《器语 · 锡铁器》，清康熙水天阁刻本。
38 邓端本：《广州港史》（古代部分）第 8 页，海洋出版社，1986 年。
39 黄晓蕙、邱立诚：《古石湾窑产品的外销及相关问题探讨》，《中国古陶瓷研究》第十四辑，紫禁城出版社，2008 年。
40 李匡悌：《三舍暨社内遗址受相关水利工程影响范围抢救考古发掘工作计划期末报告》，台北“中研院”历史语言研究所编，2004 年。

41　曾广亿：《香港九龙出土古外销陶瓷考略》，《中国古陶瓷研究》第九辑，紫禁城出版社，2003 年。

42　曾广亿：《香港元朗出土古外销陶瓷分析报告》，《中国古陶瓷研究》第十一辑，紫禁城出版社，2005 年。

43　黄卫红：《广东石湾窑的生产与外销》，《中国古陶瓷研究》第十四辑，紫禁城出版社，2008 年。

44　曾广亿：《广东明代仿龙泉窑青瓷及其外销初探》，《中国古代陶瓷的外销》，紫禁城出版社，1987 年。

45　[美] 施丽姬：《石湾陶器研究》（*A Study of Shiwan Pottery*），香港大学亚洲艺术研究中心博士论文（英文版），1980 年。

46　黄卫红：《广东石湾窑的生产与外销》，《中国古陶瓷研究》第十四辑，紫禁城出版社，2008 年。

47　曾广亿：《石湾窑的起源和发展》，《石湾艺术陶瓷》，岭南美术出版社，1987 年。

48　[日] 三上次男：《中国陶瓷在埃及中世纪遗址中的发现》，《中国古陶瓷研究》，紫禁城出版社，1999 年。

49　马希桂：《从中国瓷器的大量出土看中肯两国久远的贸易交往》，《中国古代陶瓷的外销》，紫禁城出版社，1987 年。

50　[日] 长谷部乐尔：《日本的宋元陶瓷》中有："在印度尼西亚的爪哇、苏门答腊、苏拉威西、加里曼丹和其他岛屿、斯里兰卡玛纳尔州满泰地区的古港遗址以及泰国的马来半岛苏力他州的柴亚及附近地区的文化遗址中都发现了中国唐以后邢窑系的白瓷钵……广东某窑的青釉系壶等。"黄晓蕙、邱立诚在《古石湾窑产品的外销及相关问题探讨》一文中认为："这类青釉系壶很可能就是出自广东的石湾地区。"（《中国古陶瓷研究》第 336 页，紫禁城出版社，2008 年）秦大树等《肯尼亚蒙巴萨塔纳号沉船出水的中国瓷器》中有 5 件黑釉粗胎器，其一"棕褐釉短束颈四系罐……广东地区民窑"后注"目前，关于这类罐的产地学术界还在讨论之中，以往人们常说这类器物产自印度尼西亚，但并无可靠的窑址资料，印尼应该是一个最重要的使用地区。现在有人把南海海域沉船出水的粗胎酱釉陶瓷器归为福建地区民窑产品（中国广西壮族自治区博物馆等编著：《海上丝绸之路遗珍：越南出水瓷器》，科学出版社，2009 年），有人则明确指出东南亚海域、南海海域沉船出水的粗胎酱釉陶瓷器是福建晋江磁灶窑的土尾庵窑址或金交椅山窑址的产品（栗建安：《西沙群岛水下考古调查发现陶瓷器的相关问题》，载中国国家博物馆水下考古研究中心等：《西沙水下考古 1998~1999》第 250 ～ 280 页，科学出版社，2006 年），但都还缺少可靠的考古资料。根据目前的考古发现，其生产窑场为广东佛山的奇石窑的可能性更大。"（《故宫博物院院刊》2014 年第 2 期）

51　（清）阮元：《广东通志》卷九七《舆地略》一五。

East or West, Shiwan Pottery is the Best

— A Study on Production and Export of Shiwan Kilns

Wan Jun

Abstract

The history of pottery production in Shiwan area can be traced back to the late Neolithic period (c. 2000 BCE). The earliest historical evidence of Shiwan kilns are from the Tang Dynasty. Shiwan kilns rapidly grew during the Tang, Song and Yuan dynasties, and reached their heyday in the Ming and Qing dynasties. During the prosperous period, furnaces were upgraded so that they could hold more pieces of pottery wares. Also, a higher rate of qualified product was achieved by better temperature control. As glazing developed, the products of Shiwan kilns, which had been in green or dark brown glaze, covered five color groups from then on: green, red, white, yellow and black. As more varieties appeared, Shiwan pottery wares which had been solely for daily use, covered a wider spectrum of usage including artistic sculptures and architectural decorations. The establishment of pottery industry association guaranteed the interests of kiln owners as well as the profits of workers. On one hand, by regulating the price of pottery products, pottery industry rules protected merchants from unhealthy competition. On the other hand, Shiwan kilns managed to have a more stable level of production since production processes were divided. As a result, numerous well-known artists as well as well-reputed factories appeared so that the ceramic industry in Shiwan further developed. It is noteworthy that 81 pieces of Shiwan pottery wares from the court collection of the Qing Dynasty are now housed in the Palace Museum. These surviving items—probably imperial tributes from Shiwan kilns of the Ming and Qing dynasties—as well as historical recordings are evidences of the fact that Shiwan wares were indeed used in the court at latest during the Qianlong period.

Keywords

Shiwan Kilns, History, Pottery

瓦缶不多土　娟娟枝叶蕃 *
——故宫博物院藏石湾窑花器

韩倩

就造型而言，故宫博物院藏石湾窑产品有容器和雕塑两大类，容器之用可分陈设、日用两端，陈设用具中又以各式花瓶、花插、花盆、花盘等可堪赏玩的花器最具特色。

植于庭院、陈于厅堂、列于居室、置诸几案，是为赏玩之花。中国人赏花的渊源或可追溯至先秦民间习俗，至迟在东汉，供花理念随佛教东传，花器的雏形因之出现，南北朝时实物已较多见。隋唐以来，种花、赏花步入繁荣期，香花从佛前供养更多地进入日常生活，用瓶、用盆、用盘……唐宋之际，高型家具的渐趋普及令生活方式变化显著，替代凭几的桌案承托面积增大，为雅玩留有更多安放空间，花器从此成为居室特别是几案间不可或缺的清供[1]。明清以降，观赏之花在形态、保养、器皿、陈设等方面都极其讲究，其物证是大量的绘画和诗词，而明高濂《遵生八笺 · 燕闲清赏笺·瓶花三说》（万历十九年，即 1591 年）、张谦德《瓶花谱》（万历二十三年，即 1595 年）、袁宏道《瓶史》（万历二十八年，即1600 年）等[2]，标志着花艺理论专著的出现。花器的使用方式既延续着香花供养的传统，也发展出燕闲清赏的雅趣，样式更集古今大成，面貌极为丰富。

明清时期，石湾窑烧造日臻鼎盛，故宫博物院所藏也以两朝产品为多，其中，承自清代宫廷旧藏者，因来源可靠，流传有序，更显珍稀。石湾窑的繁荣欣逢插花置景之盛世，花器有各式瓶、壶、罐、缸、盆、盘等，更有从上古礼器而来的“尊”“觚”“琮”等，它们还仅只是造型大类的区分。可以说，各种样式的容器均可与花为伴，但若以功能辨别，无外乎插花器和盆景器两大类。文物毕竟无言，多数情况下，仅凭器物本身难以说明生活方式等诸多问题，故而，本文特重石湾窑器之造型可与绘画相印证者，努力依据图像恢复花器使用的场景。

棐几宿缘竹书展，胆瓶清供杏花开

插花即将花材剪裁插置于器皿内，或枝，或叶，或花，或果，均不带根，只是植物本体上的一部分。所谓花材并不局限于花朵，明清也盛行利用蔬果的天然色泽与芳香作为素材，用以熏香、赏玩。

《瓶花谱》“品瓶”条称：“凡插贮花，先须择瓶。春、冬用铜，秋、夏用磁，因乎时也。堂厦宜大，书室宜小，因乎地也。贵磁、铜，贱金、银，尚清雅也……铜器之可用插花者，曰尊、曰罍、曰觚、曰壶。古人原用贮酒，今取

* 本文为故宫博物院 2020 年科研课题“清代宫廷花器”的研究成果（课题编号：KT2020-07），得到万科公益基金会资助。

以插花，极似合宜。古铜瓶、钵，入土年久，受土气深，以之养花，花色鲜明如枝头，开速而谢迟，或谢则就瓶结实。若水锈，传世古则尔。陶器入土千年亦然。古无磁瓶，皆以铜为之，至唐始尚窑器，厥后有柴、汝、官、哥、定、龙泉、均州、章生、乌泥、宣、成等窑，而品类多矣。尚古莫如铜器，窑则柴、汝为贵，而世绝无之。官、哥、宣、定，为当今第一珍品。而龙泉、均州、章生、乌泥、成化等瓶，亦以次见重矣。瓷器以各式古壶、胆瓶、尊、觚、一枝瓶，为书室中妙品，次则小蓍草瓶、纸槌瓶、圆素瓶、鹅颈壁瓶，亦可供插花之用。余如暗花、茄袋、葫芦样、细口匾肚瘦足药坛等瓶，俱不入清供。古铜壶、龙泉、均州瓶，有极大高二三尺，别无可用，冬日投以硫磺、砧大枝梅花插供亦得。”[3]

在晚明文人眼中，可入清供的插花器具多是宋以来流行的瓶式，所推崇的虽仍是汝、官、哥、定等前代名窑或宣德、成化等当朝珍品，但不少造型可与故宫博物院藏石湾窑器对照，这既说明陈设器是该窑产品的重要组成，也可能与它们在清代宫廷中的用途相关。

宋代插花用具在造型上继承与开创共存，明清则延续并弘扬宋人的品位。于传统一端，从古已有之的瓶罂样式中选择了优美的几种，用于居室陈设。比如几案间的“胆瓶”，它们颈部修长，腹部上锐下圆，形若垂胆，沿袭的是魏晋南北朝至隋唐已经流行的长颈花瓶。初唐昭陵长乐公主墓甬道东壁侍女手捧之瓶即为此种，其内插有莲蓬和待放的莲花（图1）。与此造型接近的还有今人所谓“玉壶春瓶”，它“是从胆瓶这一大类中析出的一支”[4]。该瓶虽可能因“玉壶春”酒而得名[5]，但其作为花器的历史应与胆瓶一脉相承，从图像资料看可追溯至更早的佛前供花，酒具是它在宋以后的另一项用途，而文献中，它与盛酒功能对应的名称是“壶瓶”。胆瓶（玉壶春瓶）之于花事，明清依然流行（图2），石湾窑也在持续烧造（图3，另见本书图版8、12、107）。

与“玉壶春”从花器发展出盛酒功能相反的例证是梅瓶。梅瓶可能是名称最为贴合花器的一种瓶式，也是唐宋以来陶瓷器中最为常见的造型。其基本特点是小口、短颈、丰肩，上腹浑圆肥硕，下腹内敛。尽管此瓶今人熟知的称谓自“梅”而来，在宋代，相类的造型却用于盛酒，名呼“经瓶”（图4）。至少在明早期，酒具功能仍旧，景德镇窑、龙泉窑出土或传世的梅瓶，不少还保留了配套使用的盖子。晚明以后，梅瓶则常用于陈设，《瓶花谱》所记“一枝瓶”便不排除梅瓶之属[6]。因造型宽肩瘦胫，为防止满注液体后重心不稳定，盛酒或插花的梅瓶往往还配有木架（图5）。故宫博物院藏石湾窑梅瓶数量颇丰，高低比例亦具变化，釉色更为丰富，有翠毛蓝、雨洒蓝、米白、淡绿等（图6，另见本书图版2～6、102～104），另有一种瓶口较广者，亦可用于插花（图7、图8）。

不过，仍需强调的是，今日对“玉壶春瓶”“梅瓶”的界定多来源于晚近知识，如民国初年许之衡《饮流斋说瓷·说瓶第七》描述二者造型：“梅瓶，口细而项短，肩极宽博，至胫稍狭，折于足则微丰。口径之小，仅与梅之瘦骨相称，故名梅瓶也。宋瓶雅好作此式，元明暨清初历代皆有。”“玉壶春，口颇侈，项短，腹大、足稍肥，亦雅制也。”这些特征符合今人通识，或者说，晚清民国时期，名词和实物建立的对应关系与现代相同，但在这两类瓶型出现和流行的很长一段时间里，古人对它们的称呼甚至用途绝非一成不变。

于开创一端，将古器或其仿品用于花事，宋人开风气之先。恢复周礼的诉求，地下发现的刺激，社会文化的发展，金石研究的昌盛，鼓舞了士大夫对古代器物的喜爱。随着自上而下仿古制作的潮流，花器也在好古、仿古的时代背景下转换了面孔。在造型上接续失而复得的三代面貌，于功能上将上古礼器转化为日用陈设，从庙堂走进明窗净几之中，古为今用方见典雅雍容的艺术气息。尤其在明清，复古潮流弥漫天下，前代各种材质的古董珍玩，无论上古玉琮、商周鼎彝还是历代名窑，只要形制契合，皆可直接或仿制为花器。

《瓶花三说》对插花用古器或仿古器有着更为详细的记录：“瓶花之具有二用，如堂中插花，乃以铜之汉壶、大古尊罍，或官哥大瓶如弓耳壶、直口敞瓶，或龙泉蓍草大方瓶，高架两旁，或置几上，与堂相直……若书斋插花，瓶宜短小，以官哥胆瓶、纸槌瓶、鹅颈瓶、花觚、高低二种八卦方瓶、茄袋瓶、各制小瓶、定窑花尊、花囊、四耳小定壶、细口扁肚壶、青东磁小蓍草瓶、方汉壶、圆瓶、古龙泉蒲槌瓶、各窑壁瓶，次

图1　唐贞观十七年（643年）　陕西省礼泉县烟霞镇陵光村长乐公主墓壁画　昭陵博物馆藏

图2　明　《十同年图》卷（局部）
故宫博物院藏

图3　明　石湾窑翠毛釉玉壶春瓶
故宫博物院藏

图 4　辽天庆六年（1116 年）河北宣化下八里 1 号张世卿墓《备酒图》壁画　原址保存

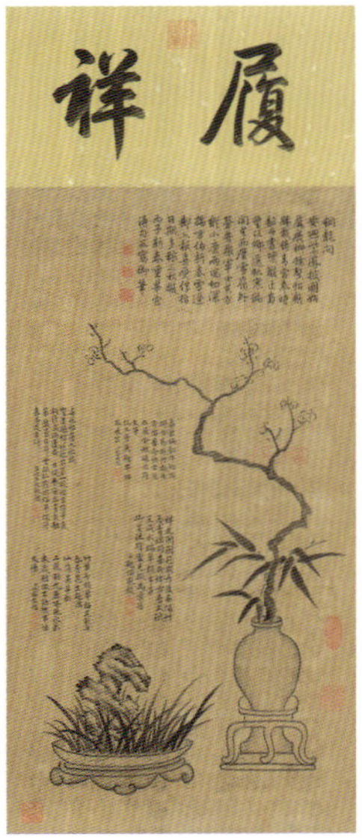

图 5　清　弘历《岁朝图》轴　故宫博物院藏

图 6　明　石湾窑淡绿釉梅瓶　故宫博物院藏

图 7　明　石湾窑翠毛釉瓶　故宫博物院藏

图 8　清　永宁《岁朝图》　故宫博物院藏

图 9　汉　青铜蒜头壶　故宫博物院藏

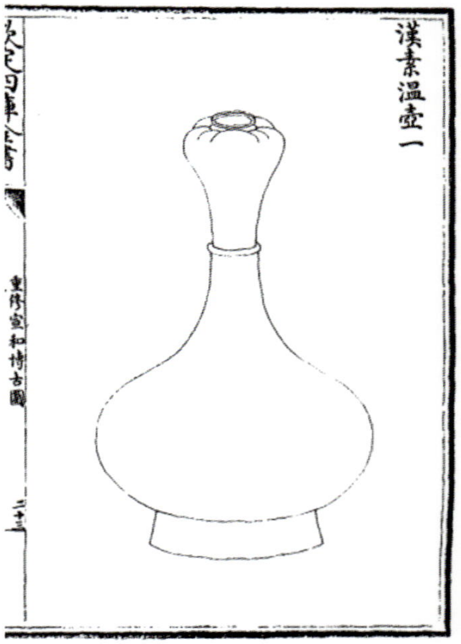

图 10　《重修宣和博古图》汉素温壶

图 11　明　《男像图》轴　故宫博物院藏

则古铜花觚、铜觯、小尊罍、方壶、素温壶、匾壶，俱可插花。又如饶窑宣德年烧制花觚、花尊、蜜食罐，成窑娇青蒜蒲小瓶、胆瓶、细花一枝瓶、方汉壶式者，亦可文房充玩。”[7]

尊、罍、觚、壶，古人原用贮酒，自宋代始用于插花，到明清，作为花器更为世人熟悉。花尊、花觚已有很多议论，不再赘述。后世所谓“蒜头瓶”，明人称“蒜蒲瓶”，其仿制的原型也是汉代铜器，名曰“温壶”（图 9、图 10）。《遵生八笺·燕闲清赏笺》“论古铜器具取用”条：“若古素温壶，口如蒜榔式者，俗云蒜蒲瓶，乃古壶也，极便注滚水，插牡丹、芍药之类，塞口最紧，惟质厚者为佳。”[8]（图 11）故宫博物院藏石湾窑仿哥釉蒜头瓶，口呈蒜头形，细长颈、溜肩、

图 12 清 石湾窑仿哥釉塑贴蟠螭蒜头瓶
故宫博物院藏

图 13 明嘉靖 景德镇窑白釉塑贴鲜红蟠螭蒜头瓶 故宫博物院藏

图 14 清 《胤禛妃行乐图·消夏赏蝶》
故宫博物院藏

图 15 清 《胤禛行乐图》
故宫博物院藏

鼓腹、高圈足外撇，颈至肩部塑贴两条蟠螭，曲体上仰，四肢平伏（图 12）。其造型、装饰与故宫瓷器名品——景德镇窑白釉塑贴鲜红蟠螭蒜头瓶如出一辙（图 13、图 14、图 15）。自明晚期开始，陶瓷盛行在瓶、罐等器上装饰立体的狮、鱼、麒麟、蟠螭等，石湾窑还曾烧造塑贴蟠螭的长颈瓶（图 16，另见本书图版 108、109），清人《博古图》中类似造型便用于插花（图 17），两件古铜器亦用于花事。此类博古绘画虽不一定写实，但其揭示的器物功用至少代表了画者的创作意图和时代的审美风尚。

据学者考证，"蓍草瓶""八卦方瓶"或即琮式瓶[9]（图 18、图 19）。其原型玉琮原本上下贯通，从陶瓷仿古制作开始，人们给它加了底，成为陈设用品——琮式瓶。宋代官窑、龙泉窑烧造的琮式瓶最为精美，不仅造型与玉琮极似，温润的粉青、梅子青釉，更使其与玉琮异曲同工。它们在宋代或许也曾作为礼器进入祭祀活动，但在明人的品评中，已成为插花器中的雅品。石湾窑擅仿历代名窑釉色，所仿钧、官、哥、定、龙泉、吉州、景德镇等窑均自具特色。石湾窑琮式瓶常施仿哥米白色釉，釉面满布细碎开片纹，与文人对哥窑蓍草瓶的赞誉不无关系（图 20）。

图 16 清 石湾窑仿钧釉塑贴蟠螭长颈瓶
故宫博物院藏

图 17 清 《博古图》轴
故宫博物院藏

作为民间窑场，既无礼制复兴的政治诉求以及礼学传统限制，又缺少严格的金石学常识和仿古样本，石湾窑仿古花器每每仅大致具鼎彝之意（图 21～图 24）。尽管今天看来，它们绝非古制，但从民间生产者和使用者角度，这可能更符合他们对古典的憧憬与想象。对民间制作而言，上古的尊、觚、壶、琮早已陌生，兽面纹、夔龙纹、云雷纹更不知所云，但慕古仿古的世风必须追随，古器的原型已大多陌生，移挪拼凑，或截取某些特征，或配以流行纹饰，方才显现出古器新风。如取半个尊为造型主体的石湾窑壁瓶（图 25），从已知实物遗存看，壁瓶在宋代初具形态，明清宫廷也有逼肖的仿古制作（图 26），但这件石湾窑产品仅保留了喇叭口、鼓腹、撇足的造型线，器身却分作瓜棱式。民间为了增添产品的古意，还会在细节上添加一些被"公认"的古典造型元素，比如铺首、

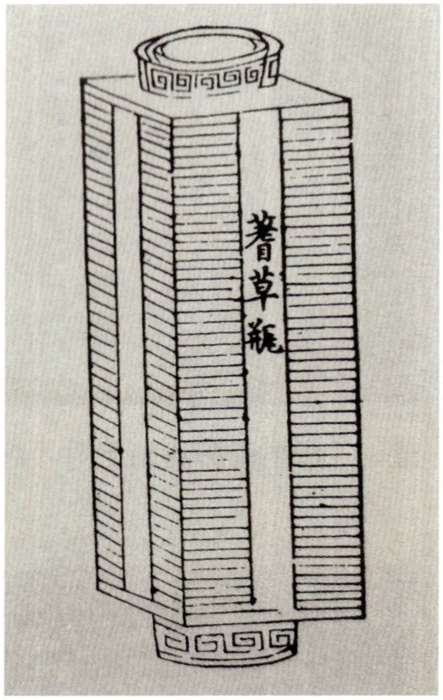

图18　明《方氏墨谱》载“蓍草瓶”铭墨锭

图19　清　《奕訢朝服作画像》　故宫博物院藏

图20　明　石湾窑白釉琮式瓶　故宫博物院藏

图21　明　石湾窑绿釉黑斑铺首耳方壶
故宫博物院藏

图22　清　张经《岁朝图》
故宫博物院藏

图23　清　石湾窑灰蓝釉刻花象耳扁瓶
故宫博物院藏

图24　清　李鱓《岁朝图》
故宫博物院藏

兽耳、乳钉等，它们在宋代陶瓷器上已不罕见，明清则获得了普遍的认可。如石湾窑素胎开光模印回纹兽耳四方瓶（见本书图版116、117），兽耳、乳钉、蕉叶、雷纹以及棕褐色的胎体，虽不是严格的仿古，却总让人想到与青铜器的种种联系。

当然，上述例证仅能说明该类造型可被用于花事，大多数情况下，具体到某一件器物往往无法指实。如前引白釉塑贴鲜红蟠螭蒜头瓶，在《胤禛妃行乐图·消夏赏蝶》中它满插鲜花（见图14），但在《胤禛行乐图》中，它则成为多宝格上的珍玩（见图15），同样造型，甚至同一件器物，在不同时代，不同场合，插花或摆饰，用途并不唯一。尽管如此，在故宫博物院收藏的石湾窑器中仍有个别可以相信在清宫中曾经或有意用于插花，如1件加金属内胆的盘口瓶（见本书图版14）。加内胆本是为古器更好地服务于花事而进行的加工改制，因为“觚尊口敞，插花散漫，不佳，须打锡套管，入内收口，作一小孔，以管束花枝，不令斜倒”[10]。冬季插花，用锡管可“不坏磁瓶，即铜瓶亦畏冰冻，瓶质厚者尚可，否则破裂”[11]。乾隆帝御制诗《咏汉玉瓶》《咏宋龙泉无当尊》等，每有“置胆插花馨”“铜胆插花韵自饶”等句。实际上，明清花器配胆者不限于古器或仿古制作，许多时新造型也会内插铜胆、锡胆以“管束花枝”。

石湾窑擅长烧造仿生器，特别是将植物、动物等造型元素与实用功能结合的产品，别具匠心。外形仿玉兰、灵芝、葫芦、梅树的花插，形态生动（见本书图版9、21、23、122），没有矫揉造作之气，展现出民间工匠敏锐的观察力和创造力，以之插花更添勃勃生机。《旻宁读书像》中画面右侧炕几上有一只白菜式花插内出嫩枝（图27、图28），《载湉大婚典礼全图》中抬送入宫的皇后妆奁有“均（钧）釉灵芝花觚成对”，展现了此类花插的使用场景（图29、图30）。特别在《大婚图》中，灵芝花觚也许就是石湾或宜兴窑仿钧釉产品。石湾窑花器中另有以动物造型为主体者，虽名为“花插”，从明人记载看却可能是一种“花盆”。

图25　明　石湾窑仿哥釉出棱尊式壁瓶　故宫博物院藏

图26　清　景德镇窑仿古铜出戟觚式壁瓶　故宫博物院藏

图27　明　石湾窑仿哥釉玉兰式花插
故宫博物院藏

图28　清　《旻宁读书像》
故宫博物院藏

图29　明　石湾窑仿钧蓝变釉灵芝式花插
故宫博物院藏

图30　清　庆宽等《载湉大婚典礼全图》（局部）
故宫博物院藏

瓷盆贮水矗宣石，围植菖蒲九节青

盆景是将植物连根栽植在器皿内，通过对花草树木等进行特殊的栽培处理，或加入山石、建筑、虫鸟等各种人工配饰，种植于精心挑选的容器中，形成微缩的可移动的小型景观。盆景器皿多取广口宽底的方、圆或多角造型，亦有动物形，常配以盆托。

图 31　清　石湾窑雨淋墙釉蟾形花插　故宫博物院藏

图 32　清　石湾窑雨淋墙釉牛形花插　故宫博物院藏

盆景借助方寸之间营造的小景，令远离山水之间的都市人，保持“不下堂筵坐穷泉壑”的林泉之思。正如黄公度《方斛石菖蒲》诗作：“勺水回环含浅清，寸茎苍翠冠峥嵘。扁舟浮玉山前过，想见江湖万里情。”[12] 李渔《闲情偶寄》所言：“幽斋磊石，原非得已，不能致身岩下，与木石居，故以一卷代山，一勺代水，所谓无聊之极思也。然能变城市为山林，招飞来峰使居平地，自是神仙妙术假手于人以示奇者也，不得以小技目之。”[13] 清代园艺经典《花镜》也说得很清楚：“至若城市狭隘之所，安能比户皆园，高人韵士，惟多种盆花小景，庶几免俗。”[14] 盆景蕴含中国古人“藏参天覆地之意于盈握间”的精神追求，代表“一花一世界、一叶一菩提”的宇宙观，实践了“虽由人做，宛自天开”的美学思想[15]。

图 33　清　《弘历薰风琴韵图》及局部
故宫博物院藏

岭南地处亚热带，气候温暖，雨量充沛，为盆景艺术发展提供得天独厚的自然环境[16]，地处岭南的石湾窑擅制陶，陶器吸水透气是盆景的良配。石湾窑陶业分工细致、专业化程度高，自明晚逐渐形成了以血缘、地缘、业缘为基础的同业组织——行会，最初只分八行，清代有二十二行，民国发展为三十六行[17]。其中，生产花盆、金鱼缸和建筑零件的行会名为“花盆（盘）行”，是当地规模最大的行会之一。据传，花盆（盘）行是清初从大盆行分离出来，乾隆六年（1741 年）针对该行 300 多种不同类型、尺寸的产品订立明细工价[18]，并根据市场变化时有修订[19]。《花盆行历例工价列》中列举了各种名目的花盆和花樽，如八角盆、六角盆、海棠盆、狮头盆、完线盆、师斗盆、望斗盆、渣斗盆、浅斗盆、蜜糖盆、竹盂盆、梅装盆、兰盆、腊盆、丝盆、条盆等，光身樽、蕉叶樽、水波樽、鱼鳞樽、牡丹樽、菊花樽、洋花樽、月花樽、画花樽、龙樽、鹤樽、珠樽等，另外还有各种尺寸的花盆托，足见花器在石湾窑产品构成中的地位。

故宫博物院石湾窑藏品中，为数不多的花盆几乎都与菖蒲有关。山涧溪岸本是菖蒲的自然居所，以之制成盆景大约始于唐代，宋起风行。文人爱它，南宋曾几《石菖蒲》大概最能概括：“窗明几净室空虚，尽道幽人一事无。莫道幽人无一事，汲泉承露养菖蒲。”以陶瓦、枯木、奇石为载体，植蒲其上，作以精剪、细培后衍生为案头供奉——看似不过园艺，实则植蒲定性，莳蒲养心[20]。《遵生八笺·起居安乐笺》认为“书斋蒲石之供”尚有实用功能，“夜则可收灯烟，晓取垂露润眼，此为至清具也”，至于养护之道，“须择美石上种蒲草，得有旧石，种蒲年远，青葱郁然者绝妙。盛以官哥均州定窑方圆盆中，养以河水。天落水时，令出见天日，夜受风露，则草石常青”[21]。在讲到蒲盆时，高濂又提道：“大率蒲草易看，盆古为难”，其中“北路青绿泥窑……更有烧成兔子、蟾蜍、刘海、荔枝、党仙，中开一孔种蒲”，尽管此“泥窑”不确定何指，但石湾窑动物花器，整体作蟾蜍、牛、象等形态（图 31、图 32，另见本书图版 123 ~ 128），背部开一孔、接器口，恰如文献所述。故宫博物院藏《弘历薰风琴韵图》描绘了庭院中一位僮仆正在浇花，除较大的长方形花盆置山石、种花草外，另有卧牛状花插和三足蟾蜍式尊种植石菖蒲，堪为动物式菖蒲盆的写照（图 33）。不过，文人显然对其不屑一顾，称它们“俗恶不堪经眼”“皆儿女子戏物，岂容污我仙灵？”直呼“见之当破其坦腹，为菖蒲脱灾”[22]！

图 34　北宋　钧窑鼓钉三足花盆托　故宫博物院藏

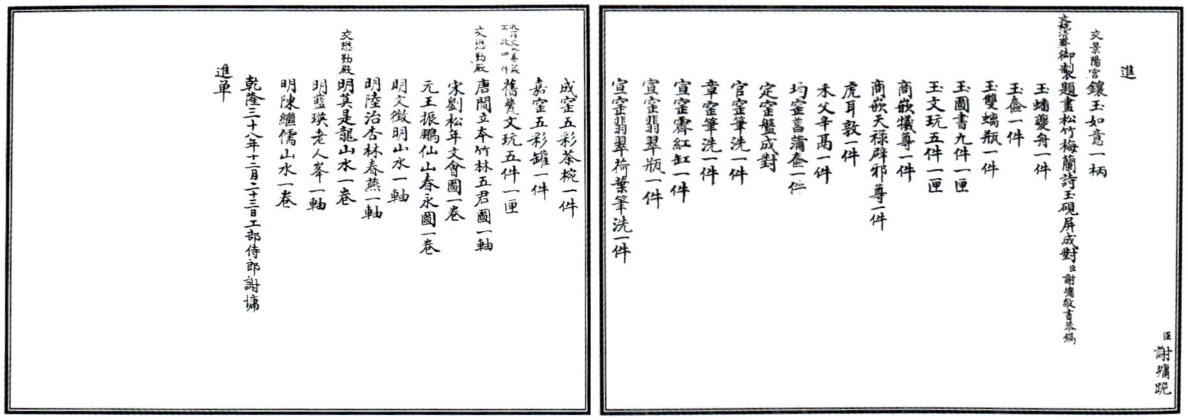

進
交景陽宮鑲玉如意一柄
御製題畫松竹梅蘭詩玉硯屏成對臣謝墉敬書恭錫
玉蟠夔觚一件
玉奩一件
玉雙螭瓶一件
玉圖書九件一匣
玉文玩五件一匣
商嵌犧尊一件
商嵌天祿辟邪尊一件
虎耳敦一件
禾父辛鬲一件
均窯菖蒲奩一件
定窯盤成對
官窯筆洗一件
章窯筆洗一件
宣窯霽紅缸一件
宣窯翡翠瓶一件
宣窯翡翠荷葉筆洗一件
成窯五彩茶椀一件
嘉窯五彩罐一件
舊甆文玩五件一匣
交懋勤殿唐閻立本竹林五君圖一軸
宋劉松年文會圖一卷
元王振鵬仙山春永圖一卷
明文徵明山水一軸
明陸治杏林春燕一軸
交懋勤殿明莫是龍山水一卷
明藍瑛老人峯一軸
明陳繼儒山水一卷
乾隆三十八年十二月二十三日工部侍郎謝墉
進單
臣謝墉跪

图 35　乾隆三十八年十二月二十三日工部侍郎谢墉进单　（《清宫瓷器档案全集》卷十二，第 363 ~ 364 页）

图 36　明　《五同会图》及局部　故宫博物院藏

图 37　清　禹之鼎《王原祁艺菊图》及局部　故宫博物院藏

石湾窑以擅仿钧釉著称，产品也被称作“广钧”“泥钧”等。《遵生八笺》品评钧窑时说：“若均州窑，有朱砂红、葱翠青，俗谓莺哥绿，茄皮紫。红若胭脂，青若葱翠，紫若墨黑。三者色纯，无少变露者，为上品。底有一二数目字号为记。猪肝色、火里红，青绿错杂，若垂涎色，皆上三色之烧不足者，非别有此色样。俗即取作鼻涕涎、猪肝等名，是可笑耳。此窑惟种蒲盆底佳甚……近年新烧此窑，皆以宜兴沙土为骨，泑水微似，制有佳者，但不耐用，俱无足取。”[23] 可见，高濂认为钧窑产品最宜种植菖蒲，他提到“以宜兴沙土为骨”的“近年新烧”者，正是明清时期与石湾窑一道以仿钧窑闻名的宜兴窑产品“宜钧”。过去习称为“三足鼓钉式洗”的造型在钧窑颇常见（图 34），清宫档案中也曾记为“均窑菖蒲奁”（图 35），绘画更形象地描绘出它们的用途（图 36、图 37）。石湾窑相似的造型应为同属，是配合菖蒲盆使用的盆奁，即花盆托（图 38）。

图 38　清　石湾窑仿钧釉鼓钉三足花盆托　故宫博物院藏

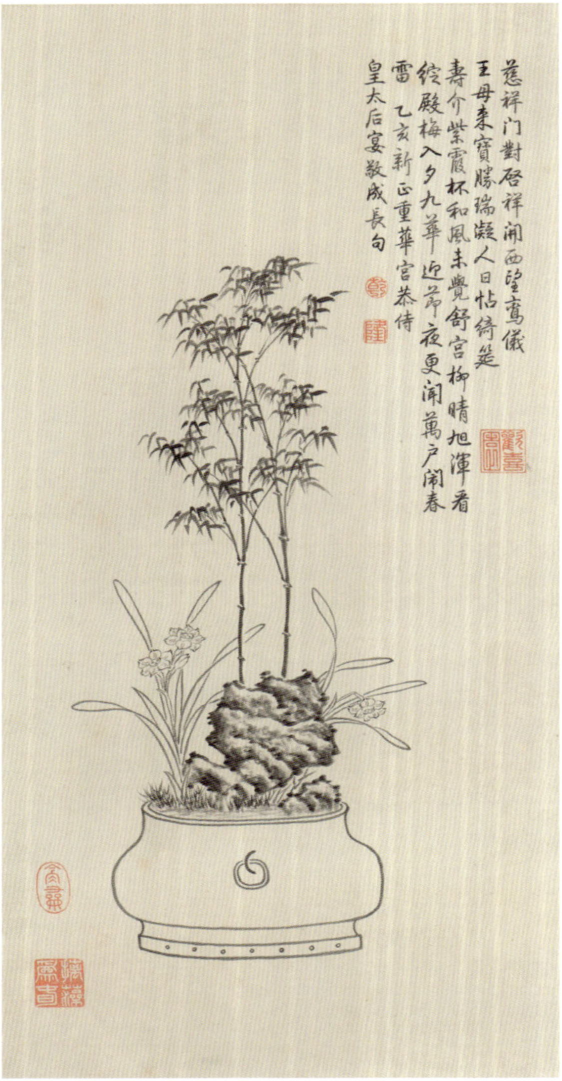

图 39　清　弘历《岁朝图》　故宫博物院藏

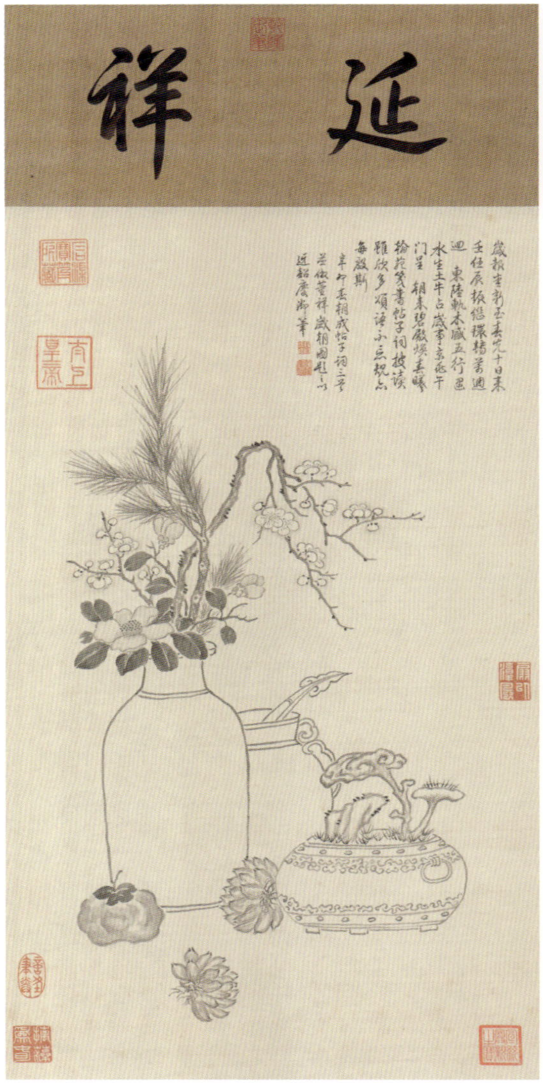

图 41　清　弘历《岁朝图》　故宫博物院藏

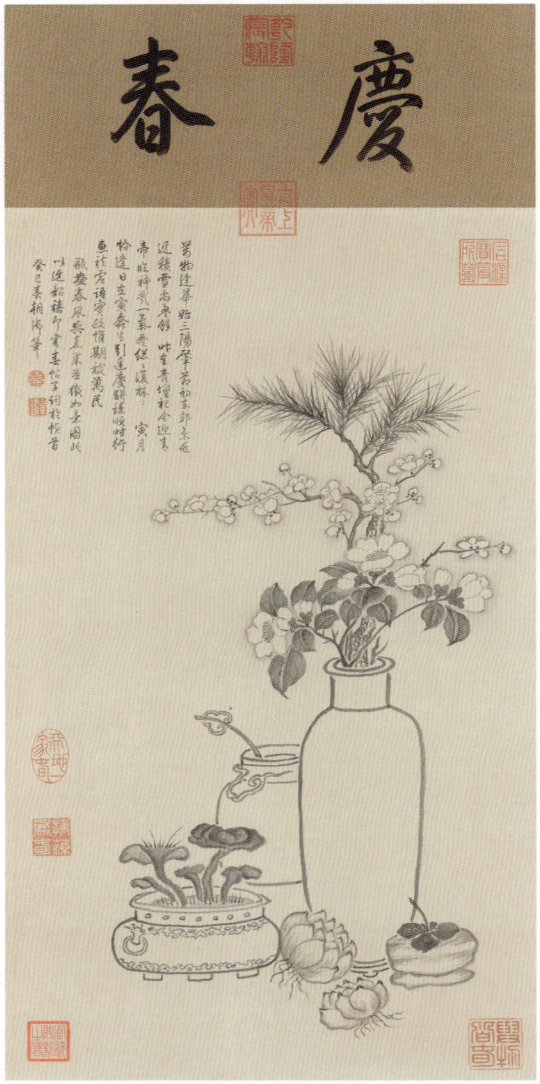

图 42　清　弘历《岁朝图》　故宫博物院藏

图 40　明　石湾窑仿哥釉兽耳炉　故宫博物院藏

花器的选择并无严格界限，各种材质、各种样式的容器均可与花为伴。故宫博物院藏乾隆乙亥《岁朝图》（图 39）中，以慈竹、水仙、奇石、菖蒲装置盆景，所用花盆直口、束颈、鼓腹、圈足，腹部两侧置环耳，圈足外壁饰鼓钉，此类造型一般用于焚香（图 40，另见本书图版 130），但在弘历笔下亦可用于养花。在乾隆辛卯、癸巳《岁朝图》中（图 41、图 42），也以形似香炉的花器种植灵芝、菖蒲等。而乾隆丙子、嘉庆己巳《岁朝图》（见图 5、图 43），蒲石盆景则是装点于盘形器中。当然，在更多描绘岁朝清供的图像中，花盘常被用于盛放百合、柿子等蔬果（图 44），或是佛手、香橼等香果（见图 8）。若说岁朝题材因吉庆寓意，再创造的成分或许多过写实，那么在大量表现宫廷生活的绘画中，闻香果盘也是居室不可或缺的清供（见图 28、图 45）。明清流行将香橼、佛手置于居所，盛放的容器十分讲究，屠隆《考槃余事》记："香橼出时，山斋最要一事，得官、哥、定窑大盘，青东磁龙泉盘、古铜青绿盘、宣德暗花白盘、苏麻尼青盘、朱砂红盘、青花盘、白盘数种，以大为妙。每盆置橼二十四头，或十二三头，方足香味，满室清芬。"[24] 故

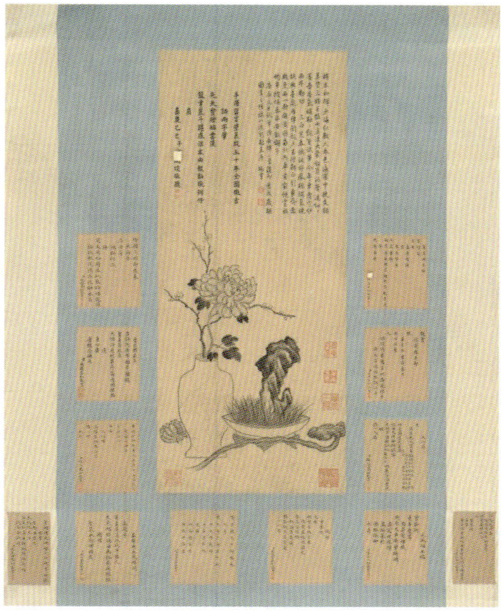

图 43　清　颙琰《岁朝图》　故宫博物院藏

图 44　清　缂丝《岁朝图》　故宫博物院藏

图 45　清　《胤禛妃行乐图·裘装对镜》故宫博物院藏

此，石湾窑烧造的各色盘中，或有可纳入广义的花器者（图 46，另见本书图版 44 ~ 48）。

中国人使用花器的历史源远流长，从魏晋南北朝到宋元明清，其发展一脉相承。在明清文人眼中，可入清供的花器多是宋以来流行的式样，推崇的也是汝、官、哥、定、均州、龙泉等前代名窑。石湾窑在明清步入繁荣，除以烧造仿钧窑的窑变釉闻名外，还擅仿官窑的粉青、哥窑的百圾碎、定窑的粉定、龙泉窑的梅子青、景德镇的颜色釉等，自然天成的釉色、古朴典雅的造型，令其与花事相得益彰。在清代宫廷中，除以天然植物插花、置景外，还有大量像生瓶花和盆景，用贵金属与宝石为材料，惟妙惟肖地模仿植物自然形态，前引光绪《大婚图》皇后妆奁中“均釉灵芝花觚”或为一例。它们不仅令花卉超越季节与生命的限制，永葆绚烂的姿态，还将各种具有吉祥含义的符号集于一身，渲染出独有的宫廷格调。

图 46　明　石湾窑黄釉菊花式盘　故宫博物院藏

注释

1 扬之水：《宋代花瓶》，《故宫博物院院刊》2007 年第 1 期。

2 按：对照三篇花艺理论文献，文字和观点不乏重合之处，但因循承续中各有千秋。"我们可以肯定先驱者高濂与发扬者袁宏道对于明代花艺之贡献，而谦德处于其中，看似稍嫌逊色，其实《瓶花谱》在花艺史上自有价值，那就是明代的花艺理论能够由闲暇之时随性记载的心得笔记，发展成为有意撰作的专业论文，令花艺的专业性受到肯定，致使其后袁宏道的《瓶史》能进一步将明代花艺理论带到崭新的境界，张谦德居于承前启后的转捩点，其功不容磨灭。"（参见傅佩琍《明代花艺理论研究》，转引自（明）张谦德、（明）袁宏道著，张文浩、孙华娟编著:《瓶花谱 · 瓶史》第 9 页，中华书局，2012 年。）

3 （明）张谦德、（明）袁宏道著，张文浩、孙华娟编著：《瓶花谱 · 瓶史》第 18 ～ 47 页，中华书局，2012 年。

4 扬之水：《宋代花瓶》，《故宫博物院院刊》2007 年第 1 期。

5 谢明良：《关于玉壶春瓶》，《陶瓷手记——陶瓷史思索和操作的轨迹》第 32 页，上海古籍出版社，2013 年。

6 秦大树：《宋元时期磁州窑瓶类器物的发展及其使用功能探讨》，《南方文物》2000 年第 4 期。

7 （明）高濂著，王大淳点校：《遵生八笺 · 燕闲清赏笺下》"瓶花三说 · 瓶花之宜"条，第 655 ～ 656 页，浙江古籍出版社，2017 年。

8 《遵生八笺 · 燕闲清赏笺下》"论古铜器具取用"条，第 539 页。

9 谢明良：《中国陶瓷史论集》五《琮瓶的变迁》第 126 ～ 161 页，生活 · 读书 · 新知三联书店，2019 年。

10 《遵生八笺 · 燕闲清赏笺下》"论古铜器具取用"条，第 538 ～ 539 页。

11 《遵生八笺 · 燕闲清赏笺下》"瓶花三说 · 瓶花之法"条，第 658 页。

12 （宋）黄公度：《方斛石菖蒲》，《知稼翁集》卷下，第 13 页，明天启五年黄崇翰刻本。

13 （清）李渔：《闲情偶寄》卷九，第 19 页，清康熙刻本。

14 （清）陈淏：《花镜》卷二，第 17 页，清刻本。

15 刘岳：《参天覆地盈握间 碧玉琅玕纳一盆：清代宫廷中的工艺盆景》，《紫禁城》2014 年第 11 期。

16 叶晓燕：《岭南盆景在居住空间中的设计研究》第 7 页，华南理工大学硕士学位论文，2017 年。

17 纪文瑾：《明清时期石湾陶业行会研究》，《韩山师范学院学报》2017 年第 1 期。

18 《花盆行历例工价列》，参见广东省社会科学院历史研究所中国古代史研究室等编《明清佛山碑刻文献经济资料》第 47 ～ 60 页，广东人民出版社，1987 年。

19 《花盆行历例工价列》（甲寅重修），《明清佛山碑刻文献经济资料》第 60 ～ 72 页。《陶艺花盘行规》（光绪廿五年），《明清佛山碑刻文献经济资料》第 254 ～ 257 页。

20 卢晓菡：《莳蒲养心：文人案头的芥子须弥》，《爱尚美术》2019 年第 1 期。

21 《遵生八笺 · 起居安乐笺上》"蒲石盆"条，第 349 页。

22 《遵生八笺 · 起居安乐笺上》"高子盆景说"条，第 326 ～ 327 页。

23 《遵生八笺 · 燕闲清赏笺下》"论诸品窑器"条，第 547 ～ 548 页。

24 （明）屠隆：《考槃余事》卷三，第 294 页，浙江人民美术出版社，2011 年。

Shiwan Flower Vessels of the Palace Museum's Collection

Han Qian

Abstract

The Palace Museum's collection of Shiwan wares can be roughly grouped into two categories in terms of form: containers and sculptures. Containers, depending on how they were used, can be further divided into two groups, namely artifacts for display and for daily use. Among the former group, the most notable ones are flower containers in various forms including vases, pots, plates, etc.

Flowers have played a significant role in Chinese culture. Chinese people had a long tradition of admiring flowers beginning approximately from the pre-Qin period and not later than the Eastern Han Dynasty. As Buddhism was introduced into China, the concept of flower offerings led to the appearance of flower vessels. In the Sui and Tang dynasties, planting and admiring flowers became extremely prosperous. Decorative flowers in vases, plates or pots then—an indispensable part of Buddhist offerings—entered the daily life of Chinese people. During the Tang and Song dynasties, the popularity of long-legged furnitures impacted on lifestyle. *Pingji* (a kind of ancient Chinese furniture used for people to lean on while sitting) was replaced by tall table with more space for scholarly playthings, and since then flower vessels became an indispensable part of the living room. In the Ming and Qing dynasties, Chinese scholars paid extremely high attention to form, shape, maintenance, vessel and arrangement of ornamental flowers. A large number of paintings and poems as well as the emergence of monographs on floral art hinted this trend. Flower vessel, besides its traditional function for Buddhist offerings, gradually evolved into an elegant plaything for scholarly pastime in China.

During the Ming and Qing dynasties, ceramic industry in Shiwan kilns reached its peak, thus Shiwan wares of these two periods mainly constitutes the collection of the Palace Museum. Especially, those of Qing's imperial collection are rarer and more notable for their reliable information on sources. The prosperous period of Shiwan kilns overlapped the golden age of floral art. Flower vessels were given new life in enriched varieties of forms such as vase, bottle, jar, pot and plate or even *zun*, goblet and *cong*, which were typically ancient ritual vessel. No matter in which form, vessels function as good companion either for flowers or traditional Chinese *penjing* (miniature landscapes combing rocks, trees and figures). Last but not least, it is clear that we cannot gain a full understanding of how Chinese people lived at that time through vessel itself. In accordance with this consideration, this article focuses on the wares whose shapes can be found in paintings, and tries to recreate the scenes in which they were used.

Keywords

Shiwan Kilns, Flower Vessel, Qing's Imperial Collection

图版目录

List of Plates

图版

Plates

001 米黄釉寿星像

明

通高 25.5 厘米　身宽 10.5 厘米　底宽 8.9 厘米

清宫旧藏

寿星身着长袍，右手持龙头拐杖，立于台座上。头颅硕大，额骨凸起，长寿眉，大耳垂肩，长髯飘拂，神态慈祥。像身通体施米黄色釉，仿竹雕造像效果。底座施酱色釉，外底无釉，胎质比较细腻。

明清时期的石湾窑尤擅制作民间喜闻乐见的各种仙、佛、道、俗神类人物塑像，俗称“石湾公仔”。一般认为石湾窑此类产品仅供民间使用，但故宫博物院清宫旧藏石湾窑器中亦见有寿星、罗汉、弥勒、达摩等仙佛塑像，这表明“石湾公仔”不仅为民间百姓所喜爱，也曾得到明清两代皇家赏识，用来作为宫廷内的佛堂供像或殿堂陈设。

此像外底文物号签上写“奉”字，是旧藏于清代盛京皇宫（今沈阳故宫）内的一尊供像。

Café-au-lait-Glazed Figure of *Shouxing* (the Longevity Deity)

Ming Dynasty, H (in total): 25.5cm; W (body): 10.5cm; W (bottom): 8.9cm, Collection of the Qing Court

002 翠毛釉梅瓶

明

高 25.6 厘米　口径 6 厘米　足径 8.8 厘米

清宫旧藏

瓶小口，圆唇，短颈，丰肩，腹自肩渐敛，胫部微撇，圈足。口沿、足底施酱色护胎釉，腹壁施蓝色夹杂放射状白点的窑变釉，腹底垂釉痕明显。

民国时人刘子芬著《竹园陶说》中论及广钧（石湾窑）器时说："陶器上釉者，明时曾出良工，仿制宋均红、蓝窑变各色，而以蓝釉中映露紫彩者为最浓丽。粤人呼为'翠毛蓝'，以其色甚似翠羽也。窑变及玫瑰紫色亦好，石榴红色次之。今世上流传广窑之艳异者，即此之物也。"从传世品看，"翠毛蓝"也称翠毛釉，是一种以蓝、白两色为基调的窑变釉，也是明清石湾窑产品中最典型釉色品种之一。其制作采用二次上釉法，先在器物胎体上施一层含铁元素为主的底釉，再于底釉上涂施一层乳浊且富有流动性的白釉为面釉。窑内高温烧制时，釉料内的各种金属元素均与氧结合，底釉中的铁元素因面釉覆盖处于缺氧状态，被迫还原成为蓝色，加上面釉的渗透和流动，与底釉相互交融，烧成后器物釉面呈现蓝色底釉衬托着或多或少呈放射或流淌状的白点或片状的白絮，似翠鸟的羽毛，故名。有的产品釉面流淌感更强，色调也更为浓艳，颇似雨中留下的水迹或大雨浇洒在墙头上的状态，人们形象地美称其为"雨洒蓝"或"雨淋墙"釉。

此瓶是石湾窑翠毛蓝釉品种传承有序的代表作，原藏紫禁城内廷外西路寿康宫后院东屋内，清代各朝皇太后多曾居于此宫。

Kingfisher-Feather-Glazed *Meiping* Vase

Ming Dynasty, H: 25.6cm; Diam. (at mouth): 6cm; Diam. (at foot): 8.8cm, Collection of the Qing Court

003 淡绿釉梅瓶

明

高 24.7 厘米　口径 5 厘米　足径 10.4 厘米

1959 年入藏

瓶唇口，短束颈，丰肩，鼓腹下敛，胫部外撇，隐圈足。外壁施绿釉，色调浅淡，釉面密布细小的开片，有明显的缩釉点和杂质斑点。足墙无釉，露棕褐色胎。外底施一层米白色釉。

在明清时期各地窑场生产的梅瓶中，这种小口、短颈、丰肩、腹部上鼓、中间急收、胫部外撇的瓶式以明初龙泉窑所产青瓷梅瓶最为典型。此瓶造型与其比较接近，挺拔而不失俊美，纯净浅淡的釉色不加其他装饰，更加突出了器物造型的美感。

Light-Green-Glazed *Meiping* Vase

Ming Dynasty, H: 24.7cm; Diam. (at mouth): 5cm; Diam. (at foot): 10.4cm, Acquisition Date: 1959

004 仿哥釉梅瓶

明

高 26.2 厘米　口径 6 厘米　足径 12.2 厘米

清宫旧藏

瓶撇口，圆唇，梯形短颈，丰肩，腹上鼓下敛，胫部微撇，隐圈足。通体施米白色仿哥釉，釉面莹亮，并布满细碎的开片，开片有粗、细两种纹路，粗者泛黑，细者色黄，模仿哥窑釉面“金丝铁线”的艺术效果。足墙无釉露胎，外底施一层透明薄釉，胎色白，胎质细腻。

此器为清宫旧藏，原藏紫禁城内廷之古董房御用器库房内。

Ge-Type Glazed *Meiping* Vase

Ming Dynasty, H: 26.2cm; Diam. (at mouth): 6cm; Diam. (at foot): 12.2cm, Collection of the Qing Court

005 白釉塑贴缠枝牡丹纹梅瓶

明

高 24.5 厘米　口径 6.5 厘米　足径 12 厘米

1961 年入藏

瓶唇口，梯形短颈，丰肩，鼓腹下敛，胫部微撇，隐圈足，足面宽平。外壁施满釉，内壁施釉至颈部，外底施釉，足墙无釉露胎，胎质较粗。釉色白中泛黄，釉层薄而不透明，釉面满布细小开片。腹部环绕塑贴三朵缠枝牡丹花，花朵之间以茎叶缠绕连接，静中有动，大气而不失灵巧。

White-Glazed *Meiping* Vase with Slip-Trailed Peony Scrolls

Ming Dynasty, H: 24.5cm; Diam. (at mouth): 6.5cm; Diam. (at foot): 12cm, Acquisition Date: 1961

006 白釉刻划折枝莲纹梅瓶

明

高 30 厘米　口径 4.5 厘米　足径 10 厘米

1960 年入藏

瓶敞口，短直颈，溜肩，腹自肩渐敛，隐圈足。瓶身及外底施白釉，釉层较厚，釉色乳白。釉下刻划花装饰，肩饰变形莲瓣纹，腹饰折枝莲纹，胫部饰高矮间隔排列的蕉叶纹一周，纹饰刻划线条流畅洒脱。足端可见透明的窑汗，胎米黄色，胎质稍粗。

White-Glazed *Meiping* Vase with Incised Design of Lotus Scrolls

Ming Dynasty, H: 30cm; Diam. (at mouth): 4.5cm; Diam. (at foot): 10cm, Acquisition Date: 1960

007 翠毛釉瓶

明

高 29 厘米　口径 8 厘米　足径 9 厘米

1966 年入藏

瓶唇口有残，短颈，丰肩，腹自肩渐敛，圈足。口沿釉色米黄，颈部在酱色底釉上蓝、白两色釉交融流淌。腹壁施翠毛釉，釉面莹亮，可见黑色杂质斑点。外底呈酱色，足墙无釉，棕褐色胎，胎质较粗。

明清时期的石湾窑窑变釉产品因仿钧窑釉色特点突出而被称为“广钧”，但石湾窑仿钧不是单纯的模仿，而是在仿的基础上根据自身胎料、釉料和工艺特点而有所创新，形成了自身鲜明的釉色特征，如民国许之衡《饮流斋说瓷》中所云：“钧窑以紫胜，广窑以蓝胜。”从制作工艺来看，钧窑产品是一次施釉高温烧成，而石湾窑仿钧则是二次上釉一次烧成，蓝色底釉和白色面釉虽互为交融，但直观上仍可大致看出底釉与面釉之分。

Kingfisher-Feather-Glazed Vase

Ming Dynasty, H: 29cm; Diam. (at mouth): 8cm; Diam. (at foot): 9cm, Acquisition Date: 1966

008 翠毛釉玉壶春瓶

明

高 24 厘米　口径 5 厘米　足径 8.4 厘米

清宫旧藏

瓶撇口，细长颈，垂腹，圈足。通体施釉，口沿呈酱色，外壁月白色的面釉几乎布满器身，其下缝隙间隐现蓝色底釉。外底足心有脐，施透明护胎釉。足墙无釉，胎体呈酱色。

此器原藏承德避暑山庄或盛京皇宫（今沈阳故宫）内，其小口、细颈、垂腹重心偏下的造型，以及月白色流淌的釉面和底心有脐等特点颇有元代钧窑器的遗风，是明清石湾窑仿钧窑的代表作。

Kingfisher-Feather-Glazed Pear-Shaped Vase

Ming Dynasty, H: 24cm; Diam. (at mouth): 5cm; Diam. (at foot): 8.4cm, Collection of the Qing Court

009 仿钧灰蓝釉葫芦瓶

明

高 17.2 厘米　底径 7.5 厘米

1963 年入藏

瓶葫芦形，不规则的口部在葫芦上侧部，平底。外壁以塑贴法装饰葫芦茎和缠绕的枝蔓、树叶及一小葫芦，釉色灰蓝交融，施釉匀净，剥釉处显棕褐色胎骨。

此器成型工艺难度高，别致的造型配合巧妙的塑贴装饰和深邃的釉色，给人以纯朴自然的美感。

Jun-Type Blue-Grey-Glazed Double-Gourd-Shaped Vase

Ming Dynasty, H: 17.2cm; Diam. (at bottom): 7.5cm, Acquisition Date: 1963

010 窑变釉螭耳胆式瓶

明
高 20.5 厘米　口径 3.4 厘米　足径 5 厘米
清宫旧藏

瓶敞口，细长颈，削肩，腹下部丰满，圈足。颈部两侧饰螭耳。外壁施釉，釉面莹亮，釉色蓝、绿、紫、白相互错杂掩映。底无釉，胎米黄色，胎质较为细腻。

此瓶为清宫旧藏，造型秀美，釉色绚丽迷人，原藏紫禁城内廷古董房御用器库房内。

Flambé-Glazed Globular Vase with Twin Scroll Handles
Ming Dynasty, H: 20.5cm; Diam. (at mouth): 3.4cm; Diam. (at foot): 5cm, Collection of the Qing Court

011 绿釉环耳瓶

明

高 24.7 厘米　口径 3.6 厘米　足径 7.5 厘米

清宫旧藏

瓶直口，口下花瓣式，细长颈，溜肩，垂腹，高圈足外撇。颈部两侧塑贴环耳。外壁施绿釉，釉色浅淡，底无釉。

此瓶原藏清代皇家宫苑颐和园仁寿殿内。造型俊秀，口部造型似一朵含苞待放的花朵。胎体较轻，胎色米黄，釉面莹润。外底有红墨彩书“乎乎”字，应为宫廷陈设时所写的某种标记。

Green-Glazed Vase with Fixed-Ring Handles

Ming Dynasty, H: 24.7cm; Diam. (at mouth): 3.6cm; Diam. (at foot): 7.5cm, Collection of the Qing Court

012 绿釉酱斑长颈瓶

明

高 26 厘米　口径 3.5 厘米　足径 7.5 厘米

清宫旧藏

瓶敞口，长束颈，溜肩，球腹，圈足。外壁颈部和腹上部釉面主体呈酱色，釉薄或露釉处可见绿色底釉，下腹更为明显，绿色釉面上密布酱色斑点。外底亦施绿釉，足墙无釉，露棕褐色胎，胎质较粗。

此器为清宫旧藏，原存贮于紫禁城内廷御花园东侧乾东五所寿药房库房中一木箱内。这种釉面呈绿釉酱斑或黑斑的传世品在故宫博物院清宫旧藏石湾窑器中有数件，造型有长颈瓶、方壶、刻花环耳瓶、方形花插等，但在其他文博单位收藏的明清石湾窑产品中比较罕见。从此瓶的釉面特征和施釉工艺来看，其采用的是二次施釉法，以绿釉为底釉，酱色釉为面釉，胎体粗糙含砂质，特别是施绿釉的底足在边缘处有浅淡的蓝色晕斑，在施釉工艺、釉面特征、胎质等方面比较符合明清石湾窑产品的特点。

Pear-Shaped Vase with Green-Glaze and Dark Mottles

Ming Dynasty, H: 26cm; Diam. (at mouth): 3.5cm; Diam. (at foot): 7.5cm, Collection of the Qing Court

故宮博物院古物館號簽
P2011/42
雲字一〇四五號6/2

013 绿釉黑斑塑贴折枝花纹铺首耳瓶

明

高 20.2 厘米　口径 8.1 厘米　足径 7.2 厘米

清宫旧藏

瓶盘口，阔颈，鼓腹，高圈足外撇。颈部两侧塑贴兽面衔环铺首耳，腹部中间塑贴折枝花一株。外壁及足底施墨绿色釉，釉面密布芝麻状黑色斑点。足墙底端及内侧无釉，足墙外壁釉不到底，露胎处呈棕黄色。

此瓶原藏承德避暑山庄。造型规整，胎体坚致厚重，釉面匀净，光泽内敛。

Green-Glazed Vase with Black Mottles, Animal-Mask Handles and Slip-Trailed Flower Sprays

Ming Dynasty, H: 20.2cm; Diam. (at mouth): 8.1cm; Diam. (at foot): 7.2cm, Collection of the Qing Court

014 白釉盘口瓶

明

高 28.5 厘米　口径 9.5 厘米　足径 12 厘米

清宫旧藏

瓶盘口，短颈，溜肩，鼓腹自肩下敛，胫部外撇，圈足。外壁施白釉，釉色纯正，釉面莹亮并密布细碎的开片，可见明显的缩釉点。底足无釉，胎体粗而坚致，外底可见明显轮制成型的旋痕。

此瓶内附有宫中后配铜胆，胆面宽沿，盖在瓶口上，表面有花口，既可做插花的花瓶，也可作为熏香出气孔使用，原藏紫禁城内廷之古董房御用器库房内。

White-Glazed Vase with Dish-Shaped Mouth

Ming Dynasty, H: 28.5cm; Diam. (at mouth): 9.5cm; Diam. (at foot): 12cm, Collection of the Qing Court

015 白釉琮式瓶

明

高 27.6 厘米　口径 11.9 厘米　足径 12.2 厘米

清宫旧藏

瓶体仿玉琮式。敞口，短颈，平肩，方直腹，腹体四面出棱，圈足。通体施白釉，釉色纯正，釉面莹润，露胎处显灰白色胎骨。

此瓶原藏清代内廷专司收贮御用古玩器皿、图书典籍的古董房库房内，同类的白釉琮式瓶在古董房中原为一组四件，其他三件外拨国内其他文博单位。

White-Glazed *Cong*-Form Vase

Ming Dynasty, H: 27.6cm; Diam. (at mouth): 11.9cm; Diam. (at foot): 12.2cm, Collection of the Qing Court

016 灰青釉莲瓣式瓶

明

高 33.5 厘米　口径 10.5 厘米　足径 13.8 厘米

清宫旧藏

瓶体花瓣式，口宽沿外折，似下垂的花瓣，长颈，肩饰莲瓣纹，弧腹，高圈足外撇。通体施灰青色釉，釉层较厚，足边有垂釉痕，釉面布满细碎的开片纹。足端无釉，胎棕褐色。

此器原藏承德避暑山庄。造型仿生，成型工艺高超，釉面莹润，釉色沉静。其造型和釉色在传世石湾窑产品中比较罕见。

Blue-Grey-Glazed Lotus-Shaped Vase

Ming Dynasty, H: 33.5cm; Diam. (at mouth): 10.5cm; Diam. (at foot): 13.8cm, Collection of the Qing Court

017 仿哥釉四棱觚形壁瓶

明

高 31.5 厘米　口径 19.5 × 8 厘米　足径 15.5 × 7.5 厘米

清宫旧藏

瓶半体花觚形，瓶身出四道凸棱。撇口，阔颈，溜肩，弧腹，高圈足。背部平坦，上、下端开有系孔，便于悬挂。器里口沿施釉，里心无釉，外壁施米白色仿哥釉，釉面莹亮，密布细碎开片纹。底无釉，胎色米白，胎体轻，显得较为粗松。

壁瓶是明代中晚期出现的一种新瓶式，以挂于壁面而得名，清代又有“轿瓶”之称。器形一般为花瓶之半，背面坦平，有系孔。明代壁瓶以万历时期景德镇制品传世较多，见有青花、五彩、蓝釉等品种。此器为明代石湾窑产品，原藏颐和园内，生产时间应略晚于景德镇窑。

Ge-Type Glazed Lobed *Gu*-Form Wall Vase

Ming Dynasty, H: 31.5cm; Diam. (at mouth): 19.5×8cm; Diam. (at foot): 15.5×7.5cm, Collection of the Qing Court

018 月白釉出棱觚形壁瓶

明

高 15.6 厘米　口径 10.5×6 厘米　足径 7.5×4 厘米

清宫旧藏

瓶体为花觚的半体。撇口，长颈，溜肩，弧腹，颈及腹部为曲折出棱的花瓣式，高圈足外撇。背部平坦，上、下端开有系孔，便于悬挂。器里口沿施釉，外壁施月白色釉，釉层较厚，口沿、器身出棱等釉薄处显棕褐色胎骨。底无釉，胎体较粗。

此器原藏紫禁城内廷之古董房御用器库房内。

Clair-de-lune-Glazed Lobed *Gu*-Form Wall Vase

Ming Dynasty, H: 15.6cm; Diam. (at mouth): 10.5×6cm; Diam. (at foot): 7.5×4cm, Collection of the Qing Court

019 绿釉黑斑铺首耳方壶

明

高 8.5 厘米　口径 3.9 厘米　足径 3.1 厘米

清宫旧藏

此器造型仿古青铜器方壶。器身四方形，敞口，阔颈，弧腹，腹下内收，方圈足。内、外和足内施绿釉，釉面密布黑色斑点。足端无釉，露土褐色胎，胎质较粗。腹壁两侧各塑贴一只铺首耳。

此器为旧藏于古董房内的石湾窑器之一。古董房是紫禁城内廷东北乾东五所之第五所的一组建筑，明初建，清代为宫中专司收贮古玩器皿、图书典籍的处所之一，也是收贮旧藏石湾窑器数量最多的御用器库房。

Green-Glazed Square Vase with Black Mottles and Animal-Mask Handles

Ming Dynasty, H: 8.5cm; Diam. (at mouth): 3.9cm; Diam. (at foot): 3.1cm, Collection of the Qing Court

020 仿哥釉塑贴蟠螭纹方壶

明

高 14.6 厘米　口径 6.8 × 6.7 厘米　足径 5.1 × 5 厘米

1954 年入藏

壶身四方形，方唇口，束颈，弧腹，腹下内收，方圈足。内、外和足内施米黄色仿哥釉，釉质莹润，釉面密布开片。足端无釉，露黑褐色胎。腹壁两侧各塑贴一只蟠螭。

此器造型仿古青铜器，釉色米黄，釉面开片大小纹路交错，大者呈黑色，小者显黄色，足墙胎色黑褐，颇有宋哥窑器“金丝铁线”“紫口铁足”的特点，是石湾窑仿哥窑的成功之作。

Ge-Type Glazed Square Vase with Slip-Trailed Design of Stylized Dragon-Form Loops

Ming Dynasty, H: 14.6cm; Diam. (at mouth): 6.8×6.7cm; Diam. (at foot): 5.1×5cm, Acquisition Date: 1954

021 仿钧蓝变釉灵芝式花插

明

高 21 厘米　口径 12.5 厘米　足径 7.4 厘米

1989 年入藏

花插塑成灵芝形。通体施仿钧窑变釉，釉色蓝、白、酱、紫红等色错杂流淌。

明清石湾窑美术陶中的仿生造型成就突出，在保持器物实用性基础上，善于引入自然界中的各种动物、植物元素加以改造使之适合某种器形，从而使造型的艺术性与实用性有机结合起来。此器造型别具一格，灵芝形状模仿自然逼真，无矫揉造作之感，充分展现了制作者敏锐的观察力和想象力。

Jun-Type Blue Flambé-Glazed *Lingzhi*-Shaped Vase

Ming Dynasty, H: 21cm; Diam. (at mouth): 12.5cm; Diam. (at foot): 7.4cm, Acquisition Date: 1989

022 绿釉黑斑四孔方形花插

明

高 9.5 厘米　口径 7.8 厘米　足径 8.4×8.4 厘米

清宫旧藏

器身四方形，器面有四圆形插花孔，中间塑贴梅花一朵。底边出台，下承四足，外底中间有一透气孔。通体施墨绿色釉，釉面有冰裂纹且密布黑色斑点。底施护胎釉，呈褐红色。

此器造型秀巧规整，精美雅致。原为承德避暑山庄或盛京皇宫内的旧藏器。

Green-Glazed Square Vase with Black Mottles

Ming Dynasty, H: 9.5cm; Diam. (at mouth): 7.8cm; Diam. (at foot): 8.4×8.4cm, Collection of the Qing Court

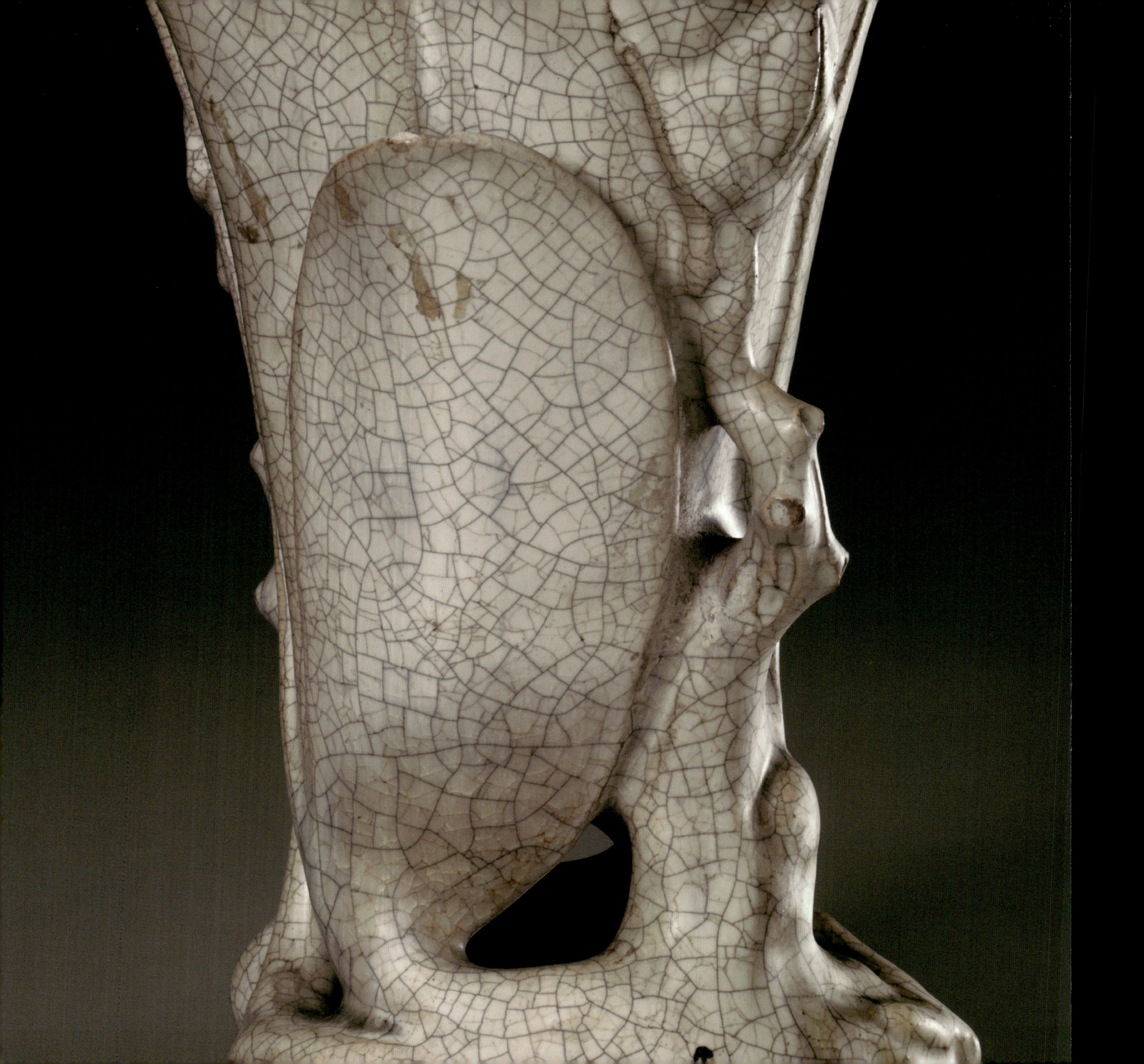

023 仿哥釉玉兰式花插

明

高 20.3 厘米　口径 16×14.7 厘米　足距 8.5×8.5 厘米

1977 年入藏

花插巧妙借鉴自然界的花卉造型，器身主体似一朵含苞待放的玉兰花。花瓣口外撇，深腹，腹侧、底贴塑枝叶和树干作为配饰和底座。里外施白中泛青的仿哥釉，釉面密布粗细相间的开片，模仿宋哥窑器“金丝铁线”的釉面特征。外底内凹，施釉不匀，露米黄色胎骨。

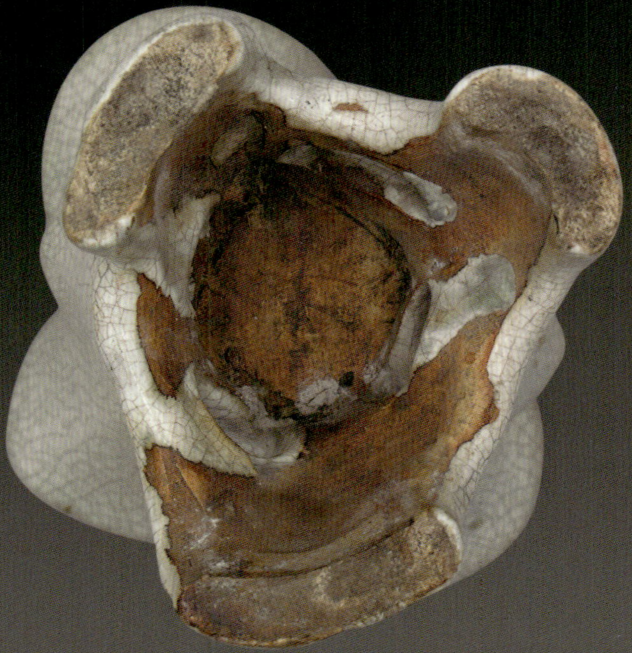

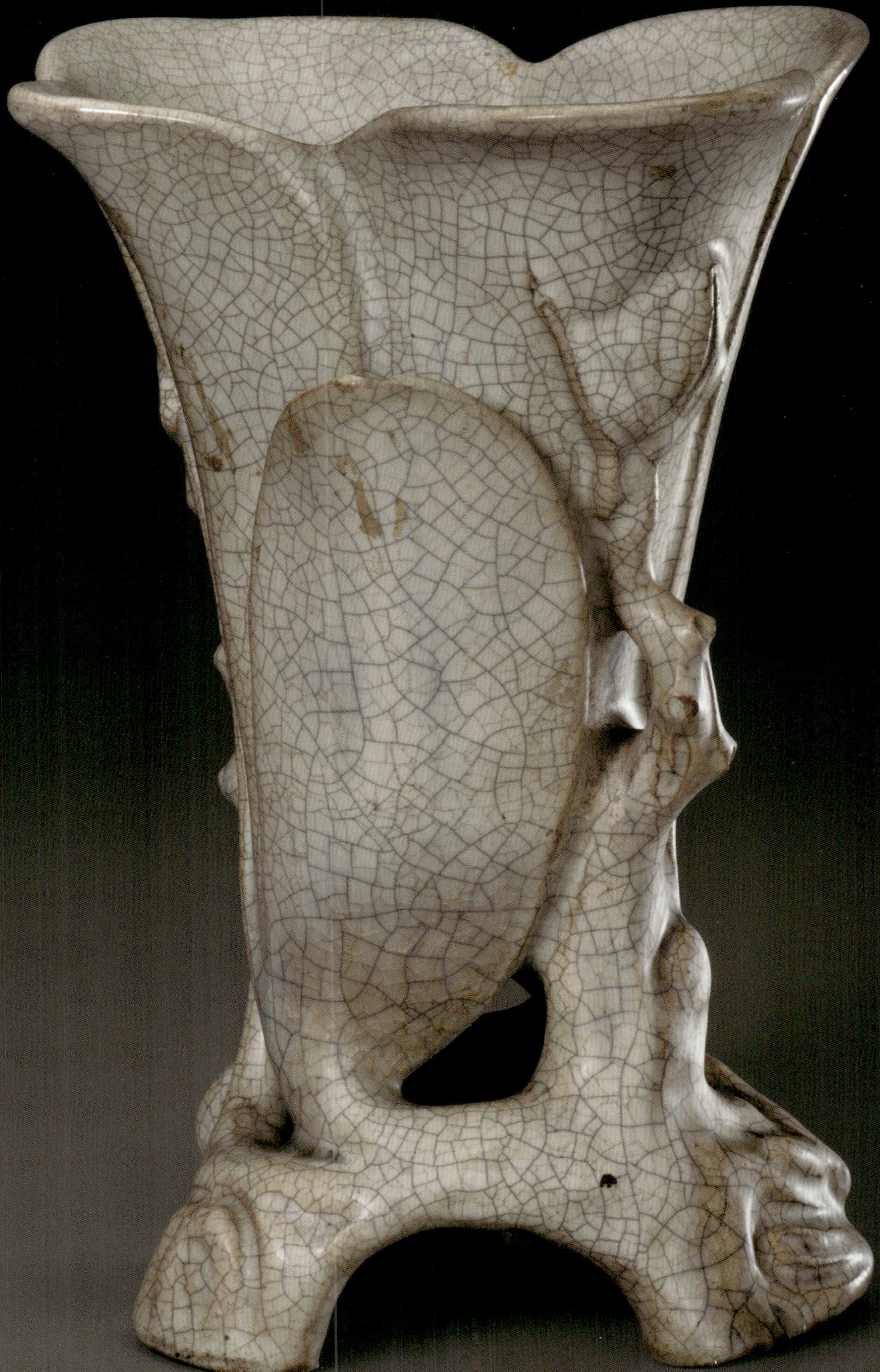

Ge-Type Glazed *Yulan*-Shaped Vase

Ming Dynasty, H: 20.3cm; Diam. (at mouth): 16×14.7cm; Distance btw. feet: 8.5×8.5cm, Acquisition Date: 1977

024 仿哥釉兽耳炉

明

高 10.3 厘米　口径 16.5 厘米　足径 10.7 厘米

1982 年入藏

炉敞口，卷唇，阔腹，腹两侧置凸兽耳，圈足。外壁施满釉，内口沿施釉，内壁及底素烧，圈足内素胎无釉。釉面开片密集，粗细相间，粗者色深，细者呈淡黄色，颇似哥窑器釉面开片"金丝铁线"的特征。

石湾窑以善仿宋代各大名窑著称，从材质运用、技法处理、艺术造型等方面均模仿得十分逼真，并有创造性发展。哥窑的造型有厚重感，釉面有粗大裂纹者，俗称"百圾碎"。石湾窑所烧"百圾碎"部分产品尤在江西景德镇之上，因石湾所用玻璃质釉所烧造的制品，大都有裂纹，故所仿哥窑的"百圾碎"是成功的。但它所仿哥窑的粉青色不如哥窑的幽艳，而带灰色。此件是仿哥窑鱼耳炉造型，形态与开片效果均仿得逼真自如，有青出于蓝之势。

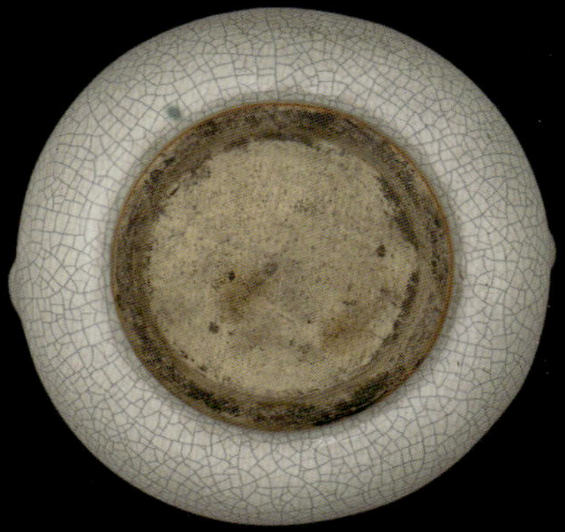

Ge-Type Glazed Incense Burner with Animal Handles

Ming Dynasty, H: 10.3cm; Diam. (at mouth): 16.5cm; Diam. (at foot): 10.7cm, Acquisition Date: 1982

025 翠毛釉三足炉

明

高 15.3 厘米　口径 12 厘米　足距 9.5 厘米

清宫旧藏

炉敞口，折沿，粗颈，鼓腹，平底，下承三乳足。里施米白釉，外施蓝地淌白的翠毛釉，底施酱釉。

此炉为清宫旧藏，原藏北京西郊清代皇家苑囿颐和园仁寿殿内。颐和园乾隆十五年（1750 年）建，初名“清漪园”，咸丰十年（1860 年）被英法联军焚毁，光绪十二年（1886 年）复建，更其名曰“颐和”。园中陈设收藏的文物大多为复建后自紫禁城内移来的，许多还是慈禧太后亲自点名要去陈设的，这在光绪朝陈设档中多有记载。

Kingfisher-Feather-Glazed Tripod Incense Burner

Ming Dynasty, H: 15.3cm; Diam. (at mouth): 12cm; Distance btw. feet: 9.5cm, Collection of the Qing Court

026 仿钧蓝变釉戟耳炉

明

高 8.7 厘米　口径 10.4 厘米　足径 6.8 厘米

1960 年入藏

炉侈口，束颈，鼓腹下垂，平底，圈足。颈、上腹部饰对称双戟耳，耳作中空管状。外壁通体施仿钧蓝窑变釉，釉色呈黑、蓝、白三色絮状交融，口沿及双耳釉薄处呈乌黑色，釉面莹润。内壁口沿下、圈足端及外底不施釉，露胎处显露出灰白色胎体，胎质细腻，内、外底均有明显拉坯痕。

Jun-Type Blue Flambé-Glazed Incense Burner with Angular Handles

Ming Dynasty, H: 8.7cm; Diam. (at mouth): 10.4cm; Diam. (at foot): 6.8cm, Acquisition Date: 1960

027 雨淋墙釉双耳三足炉

明

高 10 厘米　口径 13 厘米　足距 8 厘米

1960 年入藏

炉敛口，短阔颈，鼓腹，寰底，底下承三乳足。口沿两侧置桥形耳。外壁及底施窑变釉，釉色错杂斑斓，釉面流淌感强，颇似雨水淋在墙上的水迹。炉口内沿施釉，里素胎，胎呈棕褐色。

Tripod Incense Burner with Raindrop Glaze and Two Handles

Ming Dynasty, H: 10cm; Diam. (at mouth): 13cm; Distance btw. feet: 8cm, Acquisition Date: 1960

028 灰蓝变釉夔龙耳簋式炉

明

高 11 厘米　口径 15.2 厘米　足径 10.3 厘米

1958 年入藏

炉侈口，圆唇，短束颈，圆腹下垂，圈足。颈、腹部置对称夔龙耳。内、外壁施釉，内底施釉不匀，露棕褐色胎骨，釉面自然垂流，多见缩釉点、黑杂质斑点，釉色灰白中隐现蓝色底釉。外底施一层薄的透明釉。口沿、夔龙耳、外底等釉薄处显出胎体底色。

簋是商周时期最重要的青铜礼器之一，一般与鼎一起组成代表天子、诸侯、贵族、士大夫等级地位的成套礼器，如天子用九鼎八簋、诸侯七鼎六簋、大夫五鼎四簋等，而陶瓷器在造型纹饰上仿青铜器的现象早至商周时期的原始青瓷上就已有所表现。至宋代，由于金石学的兴起，陶瓷生产上的仿古摹古之风更加盛行。元明清时期，许多瓷窑都生产过仿青铜器造型装饰的产品，其中仿商周青铜簋的簋式炉即十分流行。此炉造型规整，棕褐色胎体配以沉静的釉色更显古朴庄重。

Grey-Blue Flambé-Glazed *Gui*-Type Incense Burner with *Kui*-Dragon Handles

Ming Dynasty, H: 11cm; Diam. (at mouth): 15.2cm; Diam. (at foot): 10.3cm, Acquisition Date: 1958

029 素胎开光刻花鼎式三足炉

明

高 26 厘米　口径 19.5 厘米　足距 9.5 厘米

1960 年入藏

炉呈三足鼎式。直口，平沿，束颈，扁圆腹，寰底，下承三兽面蹄足。口沿上两侧置对称立耳，肩刻如意云头纹一周，腹均匀塑贴四道出戟装饰，出棱间以刻花开光为中心，开光内饰香草龙纹，两侧印二层变形横 S 纹，下为回纹装饰。通体素胎，胎棕褐色。外底中心钤“吴南石堂”四字楷书印章款。

“吴南石堂”是石湾窑明末清初之际著名堂号，善仿古造型，以生产素胎瓶、炉、花觚等闻名，制胎原料多以土质极佳的东莞土制成，传世器款识见有“吴南石”“南石堂”“吴南石堂”“南石”“南石罗玩雅造”等。

Biscuit Tripod Incense Burner in the Form of Ancient Bronze *Ding* with Incised Panels

Ming Dynasty, H: 26cm; Diam. (at mouth): 19.5cm; Distance btw. feet: 9.5cm, Acquisition Date: 1960

030 素胎开光刻花鼎式三足炉

明

高 26.5 厘米　口径 20.5 厘米　足距 9.5 厘米

1959 年入藏

炉仿古代青铜鼎。直口，平沿，束颈，扁圆腹，寰底，下承三兽面蹄足。口沿上两侧置对称立耳，两耳外面刻双夔龙纹。肩刻弦纹两道，下刻如意云头纹，腹均匀塑贴四道出戟装饰，出戟间以一菱形开光为中心，开光内刻香草龙纹，两侧印二层变形横 S 纹，下满印回纹装饰。通体素胎，胎色白。外底中心钤“南石堂”三字篆书印章款。

此炉造型古朴，素胎尽显胎泥本色，胎质细腻，综合运用刻花、印花装饰，纹饰主次分明，纹样古意盎然。

Biscuit Tripod Incense Burner in the Form of Ancient Bronze *Ding* with Incised Panels

Ming Dynasty, H: 26.5cm; Diam. (at mouth): 20.5cm; Distance btw. feet: 9.5cm, Acquisition Date: 1959

031 灰蓝变釉花浇

明

高 6 厘米　口径 3.2 厘米　足径 8.2 厘米

1963 年入藏

花浇侈口，尖圆唇，短束颈，扁肚，隐圈足。肩部置一流。内壁施釉至口沿下，外壁施釉至器底，足端及外底不施釉。釉层较厚，釉色乳白，釉面不透明，密布黑色小点。部分釉面窑变呈浅蓝、深蓝、黑色色斑，色斑大小不一，不规则分布于器身，自然而灵活。口沿边缘及流的边缘因流釉而隐隐显露出胎体的黄褐色，有质朴之感。

花浇，一般有口、流和柄，为浇花之器，常见于明清时期的瓷器之中。此花浇器形扁圆而无柄，造型较为少见。

Grey-Blue Flambé-Glazed Sprinkler

Ming Dynasty, H: 6cm; Diam. (at mouth): 3.2cm; Diam. (at foot): 8.2cm, Acquisition Date: 1963

032 灰蓝变釉匜

明

高 9.5 厘米　口径 19 厘米　足径 8.1 厘米

1963 年入藏

器直口，圆唇，深腹，圜底，矮圈足。口沿一侧有一敞口短流。口沿下有一周凸条纹带。内外壁施釉，外壁施釉至圈足处，釉层厚而失透，釉色月白泛灰。口沿、内底及圈足处出现窑变，呈淡蓝色。釉面密布开片，多缩釉点。该器胎体厚重，不施釉之处可见胎体呈深褐色。内底有五个支钉垫烧痕。

Grey-Blue Flambé-Glazed Pouring Vessel

Ming Dynasty, H: 9.5cm; D am. (at mouth): 19cm; Diam. (at foot): 8.1cm, Acquisition Date: 1963

033 仿钧玫瑰紫釉匜

明

高 3.6 厘米　口径 11.7 厘米　足径 6.1 厘米

清宫旧藏

器敞口，口沿一侧出流，浅弧腹，圈足。通体施釉，以紫红色为主色，内外釉色稍有不同，内壁天蓝与紫红相映，外壁则密布米白色晕斑，口沿、足端呈酱色。

此器原藏清代承德避暑山庄或盛京皇宫内，造型秀巧，釉色绚丽多姿，艳丽的玫瑰紫红色与纯净的天蓝、米白色互相映衬，别具神韵。

Jun-Type Reddish-Purple-Glazed Pouring Vessel

Ming Dynasty, H: 3.6cm; Diam. (at mouth): 11.7cm; Diam. (at foot): 6.1cm, Collection of the Qing Court

034 灰蓝变釉爵

明

高 7.6 厘米　口径 11.5×4.7 厘米　足距 3×3 厘米

1958 年入藏

器造型仿青铜器爵。船形口，深腹，底承三足，杯身中部用凸棱做双柱，腰部横贴一凸棱，此为模仿青铜器因用模铸法制作而产生的接痕。内外壁施釉，釉厚处呈灰白色，釉薄处呈灰蓝色。釉面上分布细小开片，多缩釉点。三足施釉不及底，足端露出酱色胎体。

此器造型古朴端庄，口沿、凸棱等处因流釉而形成深色线条，颇似青铜器铜锈之色，仿古之风浑然天成。

Grey-Blue Flambé-Glazed *Jue* Vessel

Ming Dynasty, H: 7.6cm; Diam. (at mouth): 11.5×4.7cm; Distance btw. feet: 3×3cm, Acquisition Date: 1958

035 仿钧釉云纹水丞

明

高 3.5 厘米　口径 2.5 厘米　底径 1.5 厘米

清宫旧藏

器敛口，圆腹，平底微凹，底部有三细小支钉痕。附一宫中后配小玉勺。外通体施釉，釉色月白中隐映紫红、淡蓝等色。釉下刻如意云纹。此器为清光绪十年（1884 年）在宫中摔碎后又修复而成，原包装绒上有“光绪十年十一月初二日，太监闫佟福摔碎水盛，总管刘福清请旨将闫佟福板责六十，出了帐了，特存收库，二位首领罚钱粮两个月”的记载。

此器造型秀巧，釉色绚丽迷人，文物现状更有原始记载，殊为难得。

Jun-Type Glazed Water Pot with Cloud Design

Ming Dynasty, H: 3.5cm; Diam. (at mouth): 2.5cm; Diam. (at bottom): 1.5cm, Collection of the Qing Court

036 月白釉楸叶形笔掭

明

高 2 厘米　口径 9 × 6 厘米　足距 4.5 × 3 厘米

1960 年入藏

器呈一片楸叶形，卷曲的叶边形成敛口，浅腹，平底，下承三乳足。通体施月白色仿钧釉，釉层较厚，釉面润泽莹亮，多缩釉点和杂质斑点。胎体厚重。

此器造型取材于自然植物，叶边卷起，叶柄藏于叶脉之下，颇有韵味。

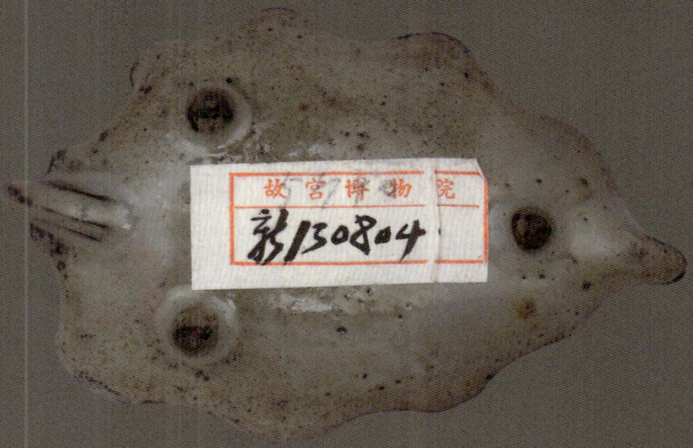

Clair-de-lune-Glazed Leaf-Form Ink Palette

Ming Dynasty, H: 2cm; Diam. (at mouth): 9×6cm; Distance btw. feet: 4.5×3cm, Acquisition Date: 1960

037 仿钧蓝变釉叶形洗

明

高 6.7 厘米　长 26.3 厘米　宽 18.9 厘米

1959 年入藏

洗呈树叶形。叶边卷曲自然形成器壁，里、外刻划叶脉纹装饰，叶梗卷起可为执柄，平底，下承三短柱足。通体施仿钧蓝窑变釉，釉层较厚，釉面润泽，釉色蓝白交融，给人以自然清新之感。

Jun-Type Grey-Blue Flambé-Glazed Leaf-Form Basin

Ming Dynasty, H: 6.7cm; L: 26.3cm; W: 18.9cm, Acquisition Date: 1959

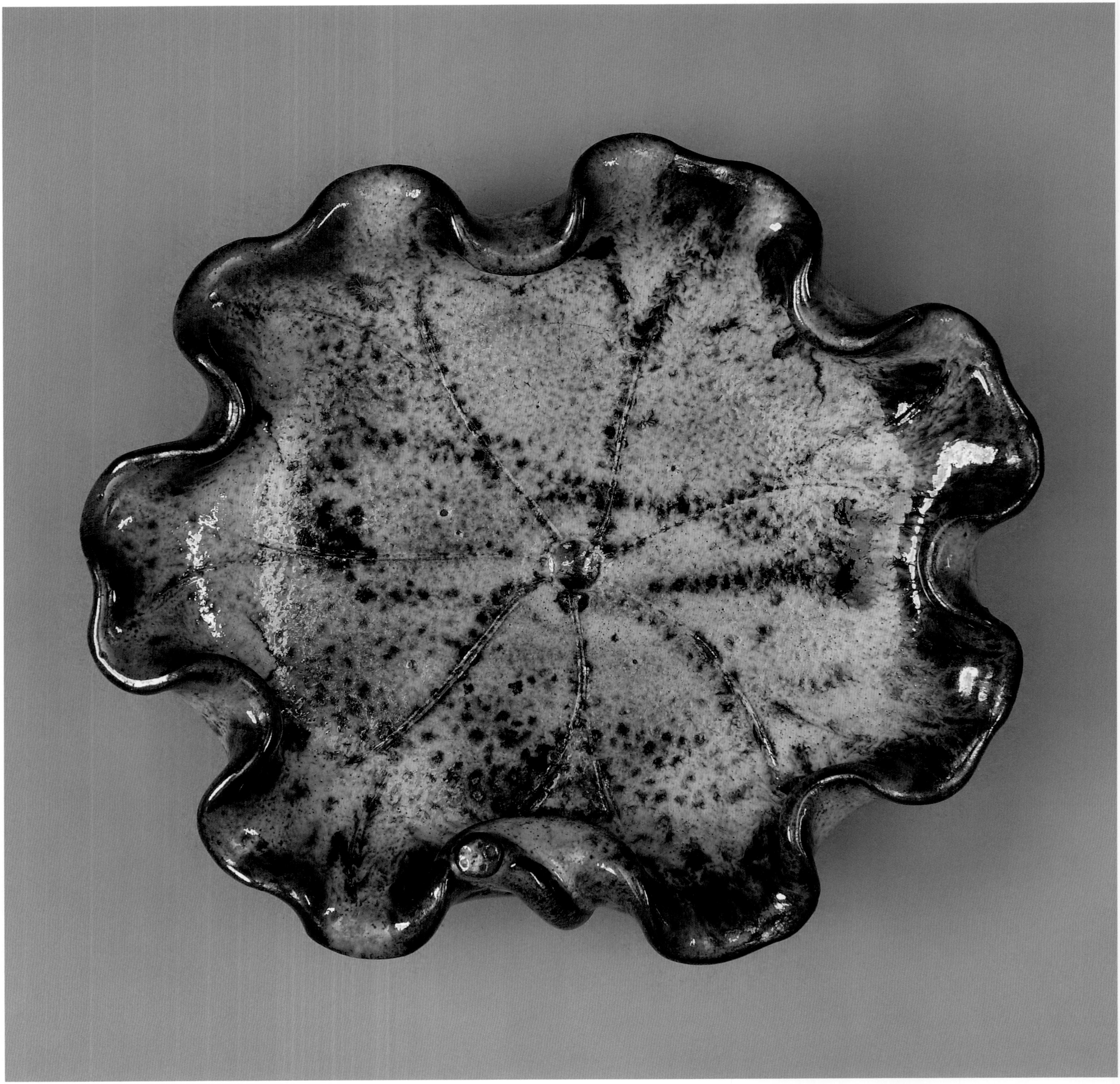

038

窑变釉叶形三足洗

明

高 3.5 厘米　口径 14×12 厘米　足距 7×7 厘米

1959 年入藏

洗形似一片圆形的树叶，叶边卷曲自然形成器壁，口沿贴塑一枝叶茎相连至底，平底，下承三短柱足。通体施窑变釉，釉色红、白、蓝、黑等色交融，配上自然清新的造型，给人以斑驳悦目的无尽美感。

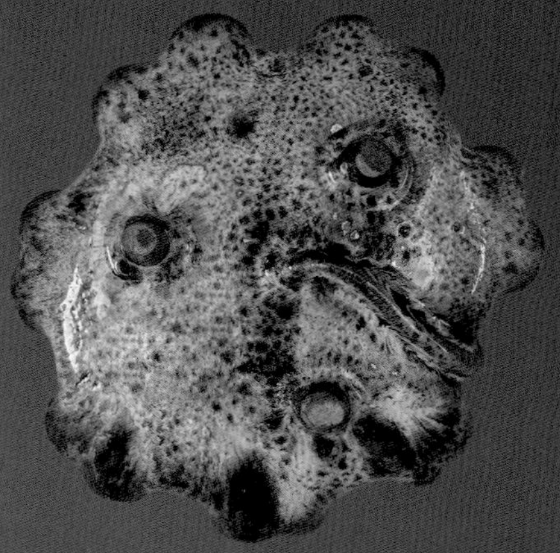

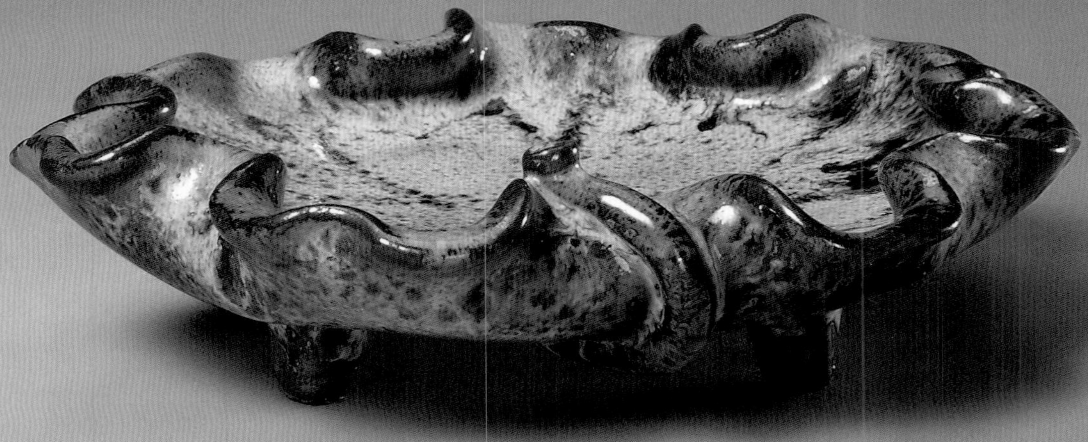

Flambé-Glazed Leaf-Form Tripod Basin

Ming Dynasty, H: 3.5cm; Diam. (at mouth): 14×12cm; Distance btw. feet: 7×7cm, Acquisition Date: 1959

039 仿钧蓝变釉葵花形三足花盆托

明

高 5.5 厘米　口径 21 厘米　底径 10 厘米

1956 年入藏

器呈六瓣葵花形。敞口，折沿，浅壁，平底，下承三云头足。通体施仿钧蓝窑变釉，釉质润泽浑厚，深蓝色的底釉上白色的面釉自然交融垂流。外底素胎无釉。

钧窑是宋代兴起的一个显赫窑口，其产品独树一帜，改变了以往以青釉为主的瓷器装饰手法。入元以后，在黄河中游地区形成了一个庞大的窑系，但不久就逐渐衰落。石湾窑仿钧器的成功制作，使钧窑窑变工艺得以在岭南地区发展起来，并且在继承的基础上不断加以创新，形成了带有自己鲜明风格特点的窑变釉系列。此洗造型别致美观，与宋钧器十分接近，所施窑变釉十分新颖，更具当地特色。

Jun-Type Grey-Blue Flambé-Glazed Mallow-Shaped Tripod Flowerpot Holder
Ming Dynasty, H: 5.5cm; Diam. (at mouth): 21cm; Diam. (at bottom): 10cm, Acquisition Date: 1956

040 仿钧蓝变釉碗

明

高 8.3 厘米　口径 17 厘米　足径 8.6 厘米

1954 年入藏

碗口微撇，深腹，圈足。通体施仿钧蓝窑变釉，釉层肥厚，釉面布满黑色缩釉点和杂质斑点。

此碗造型规整，釉厚而润泽，釉色灰白流淌间隐现蓝色底釉，为石湾窑仿钧蓝窑变釉典型制品。

Jun-Type Grey-Blue Flambé-Glazed Bowl

Ming Dynasty, H: 8.3cm; Diam. (at mouth): 17cm; Diam. (at foot): 8.6cm, Acquisition Date: 1954

041 绿釉黑斑匜形把杯

明

高 4.5 厘米　长 12 厘米　宽 6 厘米

1963 年入藏

杯体仿青铜器匜。敞口，前置一流，后接一柄，柄上饰兽首，深腹，下接椭圆形圈足。通体施绿釉，圈足足端露胎。釉层较薄，釉面明亮，有黑褐色斑点，口沿因流釉而呈酱色，极像铜锈之色。杯顶配一紫檀器盖，盖面刻兽面纹，与仿古之风相合。

青铜匜是先秦时期重要的青铜礼器之一，最早模仿动物造型，常与鉴组合使用，是一种盛水器。元代瓷器中匜较为多见，据学者考证，元代瓷匜应作为酒器使用。此匜形杯颇具仿古之风，加之后配器盖精雕细琢，应为陈设赏玩之器，而非实用之物。

Green-Glazed Pouring Vessel with Black Mottles

Ming Dynasty, H: 4.5cm; L: 12cm; W: 6cm, Acquisition Date: 1963

042 淡绿釉环柄杯

明

高 6 厘米　口径 8 厘米　足径 4.5厘米

1960 年入藏

杯敞口，深腹，圈足外撇。杯身一侧置环形执柄。内、外施淡绿色釉，釉面失透，釉层薄且施釉不匀，釉面脱落处显露出褐黄色胎骨。外底无釉，胎色比杯身颜色深。

Light-Green-Glazed Cup with Ring Handle

Ming Dynasty, H: 6cm; Diam. (at mouth): 8cm; Diam. (at foot): 4.5cm, Acquisition Date: 1960

043 仿钧蓝变釉海棠式盘

明

高 3.8 厘米　口径 18×16 厘米　足径 11.3×9 厘米

1959 年入藏

盘呈四瓣海棠花形。敞口，折沿，曲壁有四道凹棱，圈足。内、外施色调较深的仿钧蓝窑变釉，外底无釉，露棕褐色胎体，胎质较为疏松。

Jun-Type Grey-Blue Flambé-Glazed Quatrefoil-Shaped Dish

Ming Dynasty, H: 3.8cm; Diam. (at mouth): 18×16cm; Diam. (at foot): 11.3×9cm, Acquisition Date: 1959

044 仿钧蓝变釉菊花式盘

明

高 5.2 厘米　口径 20.6 厘米　足径 11.4 厘米

清宫旧藏

盘壁曲折呈菊花瓣形。敞口，曲壁，浅腹，圈足。内外施釉，釉色黑、蓝间杂以流淌的白色，口沿、足端呈酱色。底无釉，棕褐色胎。

此盘在院清宫旧藏石湾窑陶器中与本书图版 45 菊瓣盘为一对，原藏于敬事房库房内。敬事房为紫禁城内廷东北乾东五所之第三所，明初建，是清代内务府太监管理机构，敬事房所设库房，专司收贮外国、各藩、各地贡物等。这一对菊瓣盘在清光绪十五年（1889 年）《敬事房赏用瓷器实存》档案中就记为：“奏明敬事房赏用瓷器旧存……均釉瓷洗两件……”

Jun-Type Grey-Blue Flambé-Glazed Chrysanthemum-Shaped Dish

Ming Dynasty, H: 5.2cm; Diam. (at mouth): 20.6cm; Diam. (at foot): 11.4cm, Collection of the Qing Court

045 仿钧蓝变釉菊花式盘

明

高 4.8 厘米 口径 21.4 厘米 足径 11.4 厘米

清宫旧藏

盘壁曲折呈菊花瓣形。敞口，曲壁，浅腹，圈足。内外施釉，釉色黑、蓝间杂以流淌的白色，口沿、足端呈酱色。底无釉，棕褐色胎。

此盘与本书图版 44 为一对，原藏紫禁城内廷敬事房库房内。

Jun-Type Grey-Blue Flambé-Glazed Chrysanthemum-Shaped Dish

Ming Dynasty, H: 4.8cm; Diam. (at mouth): 21.4cm; Diam. (at foot): 11.4cm, Collection of the Qing Court

046 仿钧蓝变釉菊花式盘

明

高 5 厘米　口径 21 厘米　足径 11.4 厘米

清宫旧藏

盘壁曲折呈菊花瓣形。敞口，曲壁，浅腹，圈足。内外施釉，釉色黑、蓝间杂以流淌的白色，口沿呈酱色。底无釉，棕褐色胎。

此器清宫旧藏，从其外壁所贴文物号签上的记载可知，原藏皇家宫苑颐和园仁寿殿内。

Jun-Type Grey-Blue Flambé-Glazed Chrysanthemum-Shaped Dish

Ming Dynasty, H: 5cm; Diam. (at mouth): 21cm; Diam. (at foot): 11.4cm, Collection of the Qing Court

047 酱釉菊花式盘

明

高 4.5 厘米　口径 20 厘米　足径 10.3 厘米

清宫旧藏

盘敞口，花瓣式弧壁，圈足。胎体厚重。内外施酱釉，釉面流淌并密布深褐色斑点。外底无釉，底心钤“吴东恭印”四字篆书方章款。

此盘在清室善后委员会点查紫禁城宫内物品时存于内廷东六宫之景阳宫后院东北角小库内，但盘外底留有宫中原贴的黄色纸签，上书“敬事房下库”，说明此盘曾在宫中敬事房库房内保存过。

Persimmon-Glazed Chrysanthemum-Shaped Dish

Ming Dynasty, H: 4.5cm; Diam. (at mouth): 20cm; Diam. (at foot): 10.3cm, Collection of the Qing Court

048 黄釉菊花式盘

明

高 4 厘米　口径 21×17.5 厘米　足径 11.5×8 厘米

1954 年入藏

盘椭圆形，盘壁曲折呈菊花瓣形。敞口，弧腹，圈足。内底微凹，与盘壁间以一周弦痕相接。内外施米黄色釉，釉面薄而玻璃质感强，密布细碎开片，局部含杂质。足墙、外底无釉露胎，胎质细腻，外底中心钤楷书“祖唐居”椭圆形印章款。

“祖唐居”为明代晚期石湾著名店号，擅制罐、瓶、炉、几、洗等日常或陈设用具，产品造型规整、工艺讲究，常施黄、绿、青、蓝、酱等色釉，底部多钤“祖唐居”印章款，印下还有钤“集古”“墨客”“美玩林”等闲章印记。

Yellow-Glazed Chrysanthemum-Shaped Dish

Ming Dynasty, H: 4cm; Diam. (at mouth): 21×17.5cm; Diam. (at foot): 11.5×8cm, Acquisition Date: 1954

049 米白釉弥勒坐像

清
高 13.5 厘米　宽 17 厘米
清宫旧藏

弥勒坐姿，光头赤足，大耳垂肩，慈眉善目，笑口大开。身披袈裟，袒胸露腹，右手持布袋，左手抚膝。通体施米白色釉，釉面莹润有开片纹。平底，中间有出气孔。

布袋和尚，名契此，唐末至五代后梁时期僧人，又号长汀子。其人体胖、大腹、笑口常开，并常用布袋示时人，临终偈语："弥勒真弥勒，分身百千亿；时时示时人，时人自不知。"由是，人们认为布袋和尚即是弥勒佛的应化身，从此在汉传佛教寺庙内常被作为弥勒佛广泛供养。此像清宫旧藏，原为清代避暑山庄或盛京皇宫内的供像。

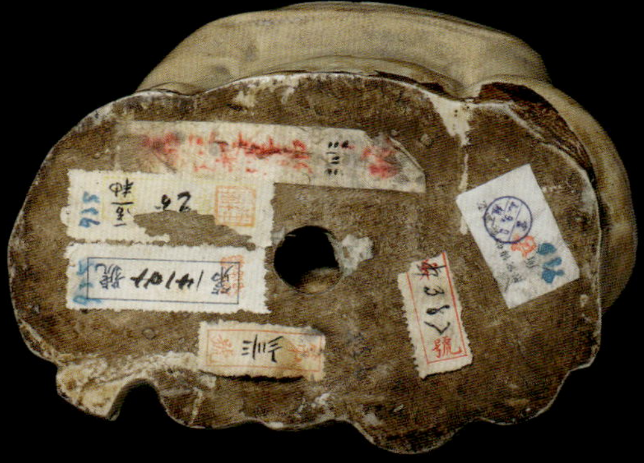

Creamy-White-Glazed Seated Figure of Maitreya
Qing Dynasty, H: 13.5cm; W: 17cm, Collection of the Qing Court

050 黄釉弥勒坐像

清

高 10.3 厘米　宽 13 厘米

清宫旧藏

中国民间信众对弥勒佛的认识，总是将袒胸露肚开怀大笑的布袋和尚，当成弥勒菩萨，或称弥勒佛。弥勒像是明清时期许多瓷窑喜用的人物塑像题材之一，传世品较为多见。此件石湾窑器即以此为题材，通体施黄釉，色调浅淡，釉面莹亮，有细碎的开片纹。

此像清宫旧藏，原为清代承德避暑山庄内的供像。

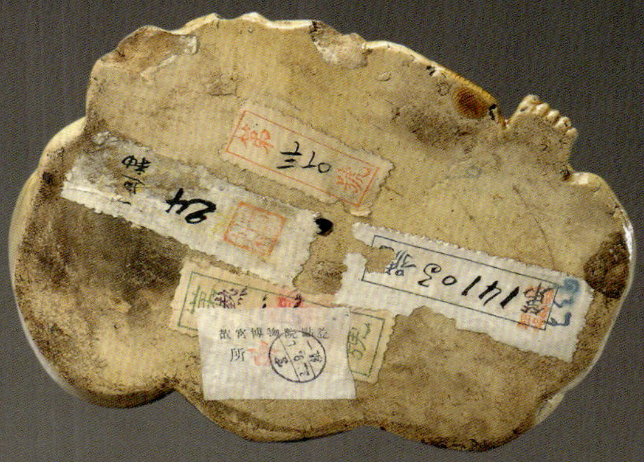

Yellow-Glazed Seated Figure of Maitreya

Qing Dynasty, H: 10.3cm; W: 13cm, Collection of the Qing Court

051 白釉送子观音像

清

高 28.5 厘米　宽 18 厘米　厚 10 厘米

1957 年入藏

观音头束发髻，戴风帽，身披斗篷式袈裟，赤足坐于高座上，姿态端庄。怀中双手抱一小儿，小儿呈立姿。通体施釉，釉面莹亮，玻璃质感强，并密布开片。釉色以米白为主，人物衣裾边缘等处呈现仿钧蓝窑变釉效果。

送子观音题材的造像在北宋时期即已有之，明清时期大量出现。《妙法莲华经 · 观世音普门品》云："若有女人，设欲求男，礼拜供养观世音菩萨，便生福德智慧之男；设欲求女，便生端正有相之女。"送子观音像即典出于此。该像衣裾边缘处的窑变釉色十分典型，人物的脸、手、足等部位也施釉，这种陶塑人物施满釉的方法明代石湾窑普遍使用，并延续到清代，但已非主流。此像人物造型接近生活，寓意吉祥，为人所喜闻乐见。

White-Glazed Figure of *Songzi Guanyin* (Bodhisattva Avalokiteshvara as the Bringer of Sons)
Qing Dynasty, H: 28.5cm; W: 18cm; T: 10cm, Acquisition Date: 1957

图版 52 至 69 组图

052

仿钧釉抱膝罗汉坐像

清

高 15 厘米　宽 7 厘米　厚 9 厘米

清宫旧藏

罗汉坐于嶙峋的山石台座上，身躯微侧，光头方脸，带头箍，挑眉大眼，双目圆睁，宽鼻，高颧骨，嘴角下撇，似在凝思。身披无袖僧袍，颈下系带，下着长裤。右腿屈起，足踏台座，双臂抱右膝，左脚踏地，跣足。像身中空。外施仿钧釉，僧袍为石榴红釉，长裤施蓝白釉，台座施绿釉，眉、眼、头箍、项带等施黑釉点缀。头、臂、足等肌肤裸露处不施釉，胎呈酱褐色。

此像清宫旧藏，是原供奉于紫禁城御花园千秋亭内一佛龛中的两组共计 36 尊罗汉像之一。1924 年逊帝溥仪被逐出紫禁城后，当时的民国政府成立了清室善后委员会清查紫禁城内的存留物品，并以《千字文》字序对各宫殿处所编号后清点其中的存物现状，之后汇录成册编辑出版了《故宫物品点查报告》。

故此千字文号也成为故宫博物院旧藏文物的原始参考号，参阅其号，对比点查报告中的记载，即可知此像原供奉在紫禁城内廷御花园千秋亭一佛龛内。千秋亭建于明初，明代即在亭内供佛，清袭明旧，亭内一佛龛中原供有 36 尊石湾窑仿钧釉罗汉像。这 36 尊罗汉像按装饰釉色可分为两组各 18 尊，其中一组 18 尊罗汉像施釉以石榴红釉和黄釉为主色调，间施蓝白釉、绿釉等，个别的无石榴红色，而以绿釉或钧蓝釉为主；另一组 18 尊罗汉像施釉均以仿钧蓝釉为主。

Jun-Type Glazed Seated Figure of Arhat with Hands Wrapped around the Right Leg

Qing Dynasty, H: 15cm; W: 7cm; T: 9cm, Collection of the Qing Court

053　仿钧釉持书卷罗汉坐像

清

高 13 厘米　宽 9 厘米　厚 9 厘米

清宫旧藏

罗汉坐姿，昂首仰视上方。头戴风帽，身披广袖大袍。宽额浓眉，大眼阔鼻，胡须浓密。右手持一书卷，左手抚膝，跣足。身施仿钧釉，风帽为蓝白相间的钧蓝釉，袍服施石榴红及黄釉，书卷施淡青釉。像脸、颈、手足等肌肤裸露处不施釉，呈酱褐色。

此像是原供奉于紫禁城内千秋亭中一佛龛内的两组共 36 尊罗汉像之一。罗汉是梵文 arhat(阿罗汉) 的简称，阿罗汉是佛祖释迦牟尼的得道弟子。唐代玄奘法师所译《大阿罗汉难提密多罗所说法住记》中说佛陀临涅槃时，嘱十六大阿罗汉，自延寿量，常住世间，游化说法，作众生福田。在中国大乘佛教中，罗汉是低于佛、菩萨的第三等级，在汉地佛寺中常雕塑罗汉像，供众生膜拜供养，所塑罗汉有十六罗汉、十八罗汉、五百罗汉等。在我国民间最为流行的是十八罗汉之说。罗汉样貌由于并无经典仪轨依据，后世造像者依据现实生活中的僧人形象，加以适度夸张，塑造出各种清奇古怪的罗汉形象。罗汉像也是石湾窑陶塑中最为流行的人物塑像题材之一，一般被塑成比较夸张的僧人形象，着僧衣，姿态不拘，有的形骨奇特，反映了现实中随意自在、睿智超然的得道高僧形象。

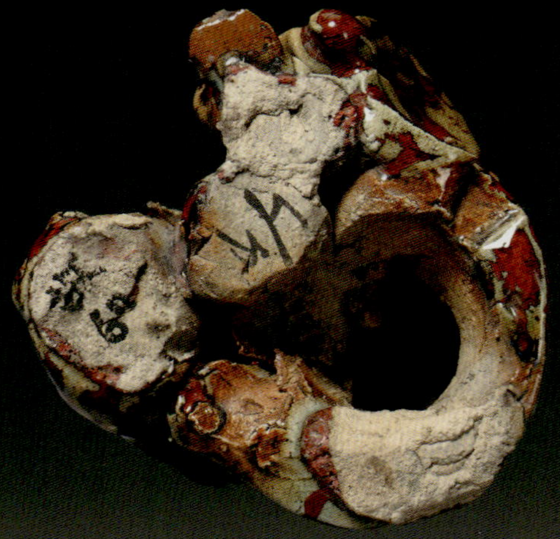

Jun-Type Glazed Seated Figure of Arhat Holding a Scroll

Qing Dynasty, H: 13cm; W: 9cm; T: 9cm, Collection of the Qing Court

054 仿钧釉抚琴罗汉坐像

清

高 15 厘米　宽 13 厘米　厚 9 厘米

清宫旧藏

罗汉坐于一块山石之上。头戴风帽，身着广袖大袍。宽额浓眉，双目圆睁，宽鼻阔口，胡须浓密。右腿屈起，膝上横放一架古琴，双手抱膝拢于袖内。像除脸部无釉露深酱褐色胎体外，其他部分施仿钧釉，风帽呈深酱褐色，衣袍以黄釉为主，点缀石榴红釉。

此像是原供奉于紫禁城内千秋亭中一佛龛内的两组共 36 尊罗汉像之一。

Jun-Type Glazed Seated Figure of Arhat with a Zither

Qing Dynasty, H: 15cm; W: 13cm; T: 9cm, Collection of the Qing Court

055 仿钧釉仰首罗汉坐像

清

高 13 厘米　宽 12.5 厘米　厚 10 厘米

清宫旧藏

罗汉坐姿，头部微仰，似凝视上方。身披广袖僧袍。光头半发，弯眉细目，巧鼻小嘴，口边塑贴浓须。右臂撑地，左腿屈起，左手抚膝，足穿僧鞋。身施仿钧釉，衣袍以石榴红釉为主，间以黄釉、黑釉、钧蓝釉等。脸、颈、手足等处不施釉，呈深酱褐色。

此像是原供奉于紫禁城内千秋亭中一佛龛内的两组共 36 尊罗汉像之一。

Jun-Type Glazed Seated Figure of Arhat

Qing Dynasty, H: 13cm; W: 12.5cm; T: 10cm, Collection of the Qing Court

056 仿钧釉戴风帽罗汉坐像

清

高 12 厘米 宽 10 厘米 厚 11 厘米

清宫旧藏

罗汉坐姿。头戴风帽，身着广袖大袍。宽额挑眉，双目圆睁，宽鼻阔口。像脸及肌肤裸露处不施釉，其他部位满施仿钧釉，风帽施蓝白相间的钧蓝釉，衣袍石榴红釉、黄釉错杂。底无釉，胎泥色白细腻。

此像是原供奉于紫禁城内千秋亭中一佛龛内的两组共 36 尊罗汉像之一。

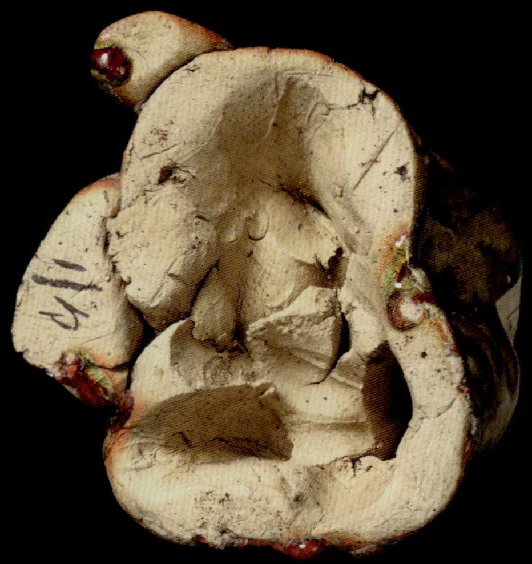

Jun-Type Glazed Seated Figure of Arhat with Hat

Qing Dynasty, H: 12cm; W: 10cm; T: 11cm, Collection of the Qing Court

057 仿钧釉持扇罗汉坐像

清

高 14.5 厘米　宽 7.2 厘米　厚 10 厘米

清宫旧藏

罗汉坐于嶙峋的山石台座上，身躯微侧，偏头凝望前方。方脸，细眉，双目圆睁，宽鼻，高颧骨，嘴角微抿。身披无袖僧袍，下着长裤。右手随意持一蒲扇放在膝上，左手搭于其上。赤右足，姿态自在安详。像头、脸、臂等肌肤裸露处不施釉，呈酱褐色。僧袍施石榴红釉，长裤为蓝白釉，蒲扇施黄釉，衣、足施黑釉点缀。

此像是原供奉于紫禁城内千秋亭中一佛龛内的两组共 36 尊罗汉像之一。

Jun-Type Glazed Seated Figure of Arhat Holding a Fan
Qing Dynasty, H: 14.5cm; W: 7.2cm; T: 10cm, Collection of the Qing Court

058

仿钧釉交手罗汉坐像

清

高 13 厘米　宽 11 厘米　厚 12 厘米

清宫旧藏

罗汉坐姿。身躯微侧，头微抬，目视斜上方。圆脸，宽额细眉，双目微睁，细鼻，高颧骨，嘴角微抿，隐带笑意。身披广袖僧袍，下着长裤。交手于身前。头、手和肌肤裸露处不施釉，呈酱褐色。僧袍施错杂交融的石榴红釉、黄釉，裤施蓝釉，衣领、足施黑釉点缀。

此像是原供奉于紫禁城内千秋亭中一佛龛内的两组共 36 尊罗汉像之一。

Jun-Type Glazed Seated Figure of Arhat with Hands Held Together

Qing Dynasty, H: 13cm; W: 11cm; T: 12cm, Collection of the Qing Court

059 仿钧釉交脚罗汉坐像

清

高 13 厘米　宽 11.5 厘米　厚 8 厘米

清宫旧藏

罗汉坐于嶙峋的山石座上，身躯偏向右侧，向右抬头，微笑凝望。无发圆脸，细眉弯目，高颧骨，嘴带笑意。身披僧袍，下着长裤。右手撑地，左臂裸露放于身前。右腿伸直，左腿屈起，小腿裸露在外，跣足。头、臂、小腿等肌肤裸露处不施釉，呈酱褐色。僧袍施石榴红釉，裤施蓝白色窑变釉。

此像是原供奉于紫禁城内千秋亭中一佛龛内的两组共 36 尊罗汉像之一。

Jun-Type Glazed Seated Figure of Cross-Legged Arhat

Qing Dynasty, H: 13cm; W: 11.5cm; T: 8cm, Collection of the Qing Court

060 仿钧釉拱手罗汉坐像

清

高 13 厘米　宽 11 厘米　厚 11 厘米

清宫旧藏

罗汉坐姿。身躯微侧，偏头放于双手之上。圆脸，细眉弯目，颧骨略高，嘴角微抿，隐带笑意。身披广袖僧袍，下着长裤，足穿僧鞋。拱手放于双膝之上，双腿屈起。头、颈不施釉，呈酱褐色。僧袍施驳杂交融的石榴红釉、黄釉，长裤施蓝白釉，头发、衣领处施黑釉。

此像是原供奉于紫禁城内千秋亭中一佛龛内的两组共 36 尊罗汉像之一。

Jun-Type Glazed Seated Figure of Arhat with Hands Clasped Together

Qing Dynasty, H: 13cm; W: 11cm; T: 11cm, Collection of the Qing Court

061 仿钧釉持钵罗汉坐像

清

高 13.5 厘米　宽 10 厘米　厚 11 厘米

清宫旧藏

罗汉坐于嶙峋的山石台座上。身躯微侧，向右抬首望向上方。圆脸细眉，双目微睁，宽鼻，高颧骨，嘴角微抿，似带笑意。身披广袖僧袍，下着长裤。右手隐于袖内，露左手，持一钵放于身前。头、左手不施釉，呈酱褐色。僧袍施石榴红釉，钵和长裤施蓝白釉。

此像是原供奉于紫禁城内千秋亭中一佛龛内的两组共 36 尊罗汉像之一。

Jun-Type Glazed Seated Figure of Arhat Holding an Alms Bowl
Qing Dynasty, H: 13.5cm; W: 10cm; T: 11cm, Collection of the Qing Court

062 仿钧釉持钵罗汉坐像

清

高 14 厘米　宽 8 厘米　厚 8 厘米

清宫旧藏

罗汉双腿交叠坐于嶙峋的山石台座上。身躯微侧，头微抬，凝望前方。无发圆脸，浓眉大眼，双目圆睁，高颧骨。身披广袖僧袍，下着长裤。右手隐于袖内，左手裸露，持钵放于膝上。头、左手及肌肤裸露处不施釉，呈酱褐色。僧袍施驳杂莹亮的石榴红釉、黄釉，钵施蓝白釉，裤施淡绿釉。

此像是原供奉于紫禁城内千秋亭中一佛龛内的两组共 36 尊罗汉像之一。

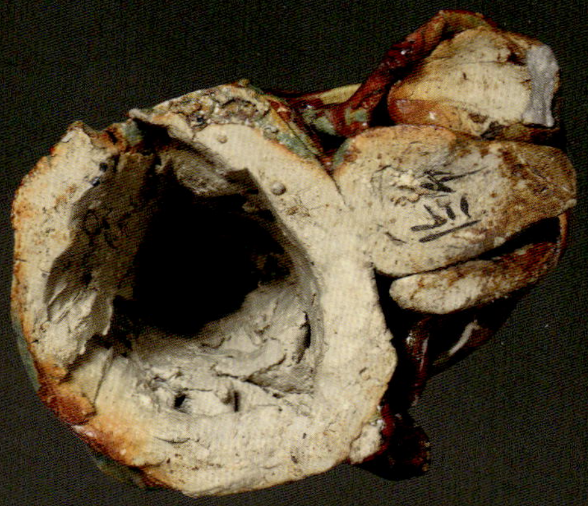

Jun-Type Glazed Seated Figure of Arhat Holding an Alms Bowl

Qing Dynasty, H: 14cm; W: 8cm; T: 8cm, Collection of the Qing Court

063 仿钧釉交手罗汉坐像

清

高 12.5 厘米　宽 10 厘米　厚 8 厘米

清宫旧藏

罗汉结跏趺坐，似禅定凝思。头微低，高额挑眉，双目圆睁，宽鼻，高颧骨。身披短袖僧袍，双手结印放于膝上。头、臂不施釉，呈酱褐色。僧袍通体施石榴红釉，颈下系带施米白釉。

此像是原供奉于紫禁城内千秋亭中一佛龛内的两组共 36 尊罗汉像之一。

Jun-Type Glazed Seated Figure of Arhat with Hands Held Together

Qing Dynasty, H: 12.5cm; W: 10cm; T: 8cm, Collection of the Qing Court

064 仿钧釉持拂尘罗汉坐像

清

高 15 厘米　宽 8.5 厘米　厚 9 厘米

清宫旧藏

罗汉坐于嶙峋的山石台座上。身躯微侧，头偏向左侧，凝视前方。头戴风帽，身披广袖僧袍，下穿长裤。高额浓眉，双目圆睁，高颧骨。右手裸露，持一拂尘放于膝上，跣足。脸和右手、左足不施釉，呈酱褐色。风帽施蓝白相间的钧蓝釉，僧袍施驳杂莹亮的石榴红釉和黄釉。

此像是原供奉于紫禁城内千秋亭中一佛龛内的两组共 36 尊罗汉像之一。

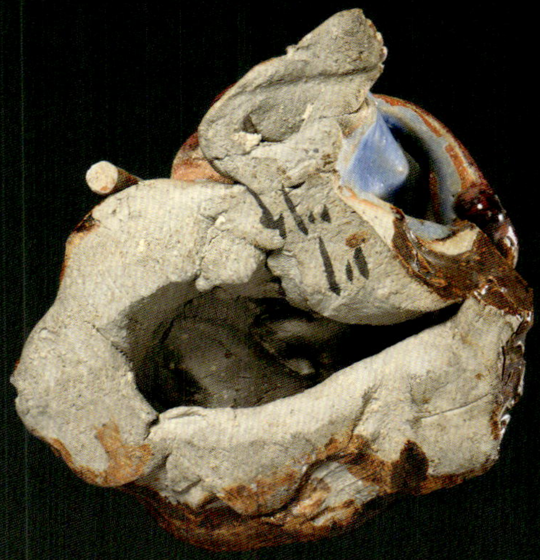

Jun-Type Glazed Seated Figure of Arhat Holding a Fly Whisk

Qing Dynasty, H: 15cm; W: 8.5cm; T: 9cm, Collection of the Qing Court

065 仿钧釉偏首罗汉坐像

清

高 12 厘米　宽 10.5 厘米　厚 9 厘米

清宫旧藏

罗汉坐姿。头偏向右侧放于右臂之上，圆脸，浓眉弯目，双目微睁，高颧骨，嘴带笑意。身披广袖僧袍，下着长裤，足穿僧鞋。交手，右腿屈起，左腿盘坐。脸、手等肌肤裸露处不施釉，呈酱褐色。僧袍施驳杂莹亮的石榴红釉、黄釉，裤施钧蓝釉。

此像是原供奉于紫禁城内千秋亭中一佛龛内的两组共 36 尊罗汉像之一。

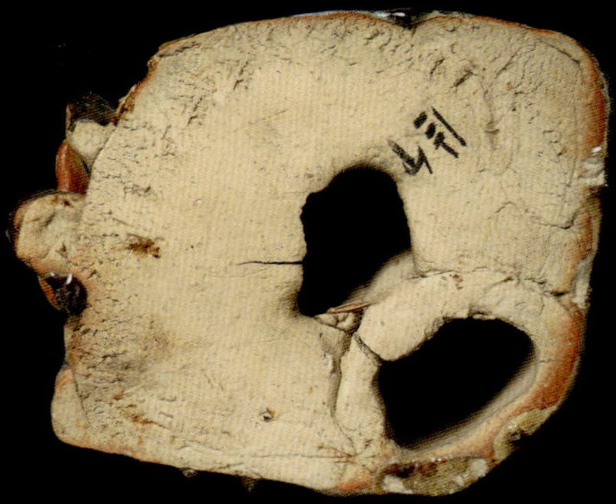

Jun-Type Glazed Seated Figure of Arhat with Tilted Head

Qing Dynasty, H: 12cm; W: 10.5cm; T: 9cm, Collection of the Qing Court

066 仿钧釉偏首罗汉坐像

清

高 14 厘米　宽 9 厘米　厚 10.8 厘米

清宫旧藏

罗汉双腿交叠坐于嶙峋的山石台座上。身躯微侧，头偏向左侧，凝视前方。身披广袖僧袍，下穿长裤。无发圆脸，高额浓眉，双目圆睁，颧骨微高，抿嘴似在沉思。双臂裸露，交手隐于衣内，跣足。脸、足不施釉，呈酱褐色。衣袍施石榴红釉，裤施蓝白釉。

此像是原供奉于紫禁城内千秋亭中一佛龛内的两组共 36尊罗汉像之一。

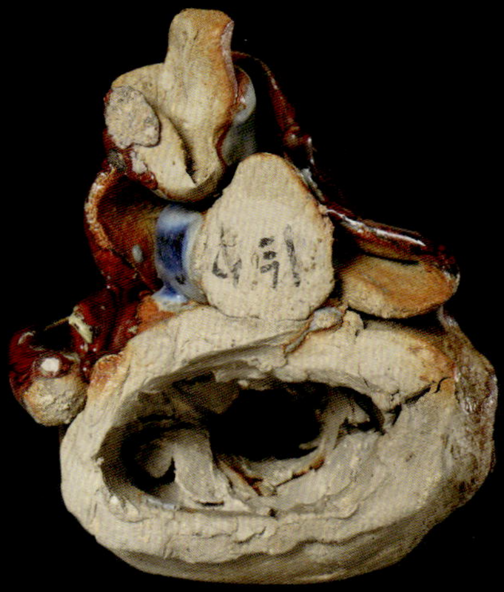

Jun-Type Glazed Seated Figure of Arhat with Tilted Head

Qing Dynasty, H: 14cm; W: 9cm; T: 10.8cm, Collection of the Qing Court

067 仿钧釉交手罗汉坐像

清

高 14.5 厘米　宽 8 厘米　厚 10.5 厘米

清宫旧藏

罗汉坐于嶙峋的山石台座上。身躯微侧，头偏向右侧，凝望前方。身披无袖僧袍，下穿长裤。无发圆脸，高额凝眉，双目圆睁，宽鼻，颧骨微高。双臂裸露，交手放于膝上，跣足。脸、双臂、足等肌肤裸露处不施釉，呈酱褐色。僧袍施石榴红釉，裤施蓝白釉，眉毛、眼珠、衣领等施黑釉，山石施淡绿釉。

此像是原供奉于紫禁城内千秋亭中一佛龛内的两组共 36 尊罗汉像之一。

Jun-Type Glazed Seated Figure of Arhat with Hands Held Together

Qing Dynasty, H: 14.5cm; W: 8cm; T: 10.5cm, Collection of the Qing Court

068 仿钧釉交手罗汉坐像

清

高 14 厘米　宽 8 厘米　厚 11 厘米

清宫旧藏

罗汉坐于嶙峋的山石台座上。身躯微侧，头抬向右侧，凝望上方。无发圆脸，浓眉大眼，双目圆睁，高颧骨。身披无袖僧袍，下着长裤。双臂裸露，交手放于身前。头和双臂不施釉，呈浅酱色。僧袍施莹亮的乌金釉，长裤施仿钧蓝釉。

此像是原供奉于紫禁城内千秋亭中一佛龛内的两组共 36 尊罗汉像之一。

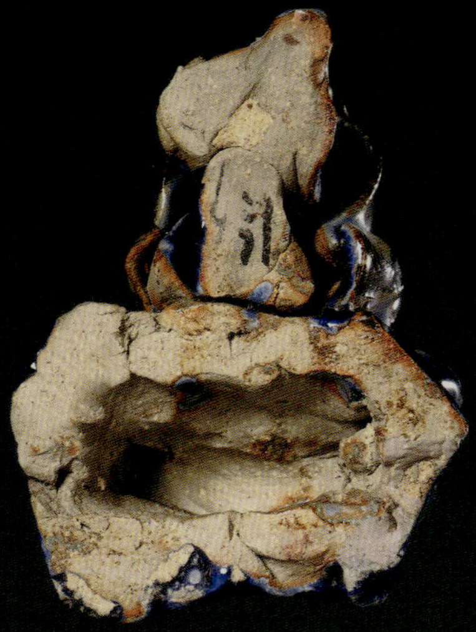

Jun-Type Glazed Seated Figure of Arhat with Hands Held Together

Qing Dynasty, H: 14cm; W: 8cm; T: 11cm, Collection of the Qing Court

069 蓝绿釉抱琴罗汉坐像

清

高 13 厘米 宽 15 厘米 厚 9 厘米

清宫旧藏

罗汉坐姿。头戴风帽，身着广袖大袍。宽额浓眉，双目圆睁，宽鼻阔口，胡须浓密。双腿盘起，双手拢在袖内抱一古琴横放于身前。像脸部不施釉，胎呈深酱色。衣袍施淡绿色釉，风帽和古琴施仿钧蓝釉。

此像是原供奉于紫禁城内千秋亭中一佛龛内的两组共 36 尊罗汉像之一，与本书图版 52 至 68 等一起组成一组 18 罗汉像。这 18 尊罗汉像，虽然人物姿态、神态有异，但整体上风格一致，明显出于同一陶塑家之手，是传世石湾窑陶塑中难得的具有传承有序历史特性的作品。

Turquoise-Glazed Seated Figure of Arhat with a Zither
Qing Dynasty, H: 13cm; W: 15cm; T: 9cm, Collection of the Qing Court

图版 70 至 87 组图

070 仿钧蓝变釉抚首罗汉坐像

清

高 16 厘米　宽 8 厘米　厚 10 厘米

清宫旧藏

罗汉坐于椭圆形台座上。头微偏向右侧，右腿屈起，脚踏圆座，右肘撑在膝盖上，举手抚额。左腿放于身前，脚踏地面。无发圆脸，高额浓眉，双目圆睁，宽鼻，高颧骨，胡须浓密。身披广袖僧袍，下着长裤。头脸、右臂不施釉，呈酱褐色。僧袍施仿钧蓝釉，釉色蓝白相间，个别衣褶处呈石榴红色，长裤施淡绿釉，眉、眼、胡须、衣领、足等部位施黑釉。

此像是原供奉于紫禁城内千秋亭中一佛龛内的两组共 36 尊罗汉像之一，与本书图版 71 至 87 等一起组成了一组 18 罗汉像。这 18 尊造像人物塑造风格一致，施釉以仿钧蓝和淡绿釉为主釉色，眉、眼、胡须、衣领等部分施黑釉点缀，他们与施仿钧红、黄釉为主的另 18 尊罗汉像（本书图版 52 至 69）一样，都应属于同一位石湾陶塑家的作品。

Jun-Type Grey-Blue Flambé-Glazed Seated Figure of Arhat with Hand at the Forehead
Qing Dynasty, H: 16cm; W: 8cm; T: 10cm, Collection of the Qing Court

071 仿钧蓝变釉盘臂罗汉坐像

清

高 16 厘米　宽 9 厘米　厚 9.5 厘米

清宫旧藏

罗汉坐于椭圆形台座上。抬首偏向左侧，右腿盘起，左腿自然搭在座前，赤足脚踏地面，盘臂交手抚右膝。高额浓眉，双目圆睁，宽鼻，高颧骨，嘴角下抿。身披广袖僧袍，下着长裤。脸、足、衣领处不施釉，呈酱褐色。僧袍施仿钧蓝釉，长裤釉色米白泛青，眉、眼部位以黑釉点缀。

此像是原供奉于紫禁城内千秋亭中一佛龛内的两组共 36 尊罗汉像之一。

Jun-Type Grey-Blue Flambé-Glazed Seated Figure of Arhat with Crossed Arms

Qing Dynasty, H: 16cm; W: 9cm; T: 9.5cm, Collection of the Qing Court

072 仿钧蓝变釉跷腿罗汉坐像

清

高 16 厘米　宽 9 厘米　厚 10 厘米

清宫旧藏

罗汉跷腿坐在山石台座上。扭头抬首，偏向左侧，似在凝望。双手相交放在膝上，左足翘起。高额浓眉，双目圆睁，宽鼻，高颧骨，胡须浓密。身披无袖僧袍，下着长裤。头脸和双臂不施釉，呈酱褐色。僧袍施仿钧蓝窑变釉，长裤施淡绿色釉，眉、眼、衣领、脚面等部位施黑釉点缀。

此像是原供奉于紫禁城内千秋亭中一佛龛内的两组共 36 尊罗汉像之一。

Jun-Type Grey-Blue Flambé-Glazed Seated Figure of Cross-Legged Arhat

Qing Dynasty, H: 16cm; W: 9cm; T: 10cm, Collection of the Qing Court

073 仿钧蓝变釉交脚罗汉坐像

清

高 17.5 厘米　宽 12.5 厘米　厚 11.5 厘米

清宫旧藏

罗汉坐于宽台座上。微偏首，双手隐于衣内，放在右侧身前，小腿裸露，脚穿僧鞋。卷发浓眉，双目圆睁，宽鼻，高颧骨，胡须浓密。身披广袖僧袍，下着短裤。台座和人物头脸、双腿等肌肤裸露处不施釉，呈酱褐色。僧袍施仿钧蓝窑变釉，衣领酱色，裤施淡绿色釉，发、眉、眼等部位施黑釉点缀。

此像是原供奉于紫禁城内千秋亭中一佛龛内的两组共 36 尊罗汉像之一。

Jun-Type Grey-Blue Flambé-Glazed Seated Figure of Arhat with Crossed Feet

Qing Dynasty, H: 17.5cm; W: 12.5cm; T: 11.5cm, Collection of the Qing Court

074 仿钧蓝变釉抚腮罗汉坐像

清

高 17.5 厘米　宽 9 厘米　厚 11 厘米

清宫旧藏

罗汉坐于高山石台座上。微偏首，右手抚腮，左手隐于衣内，自然垂放身前，跣足。卷发浓眉，双目微睁，宽鼻，颧骨略高，胡须浓密。身披广袖僧袍。台座和人物头脸、右臂、左足等肌肤裸露处不施釉，呈酱褐色。僧袍施仿钧蓝釉，衣领酱色，发、眉、眼等部位施黑釉。

此像是原供奉于紫禁城内千秋亭中一佛龛内的两组共 36 尊罗汉像之一。

Jun-Type Grey-Blue Flambé-Glazed Seated Figure of Arhat with Hand on Cheek

Qing Dynasty, H: 17.5cm; W: 9cm; T: 11cm, Collection of the Qing Court

075 仿钧蓝变釉交脚罗汉坐像

清

高 17.3 厘米　宽 11 厘米　厚 8 厘米

清宫旧藏

罗汉坐于山石台座上。身躯微侧，偏首望向前方。身披广袖僧袍，双臂隐于衣内，自然垂放在身侧，腰系带。卷发弯眉，双目微睁，宽鼻，颧骨略高，胡须浓密，嘴角隐带笑意。台座和人物头、脸、足等肌肤裸露处不施釉，呈酱褐色，台座色调较浅。僧袍施仿钧蓝釉，袖口里侧施白釉，衣领呈酱色，发、眉、眼等部位施黑釉。

此像是原供奉于紫禁城内千秋亭中一佛龛内的两组共 36 尊罗汉像之一。

Jun-Type Grey-Blue Flambé-Glazed Seated Figure of Arhat with Crossed Feet

Qing Dynasty, H: 17.3cm; W: 11cm; T: 8cm, Collection of the Qing Court

076 仿钧蓝变釉抱膝罗汉坐像

清

高 14 厘米 宽 7 厘米 厚 10 厘米

清宫旧藏

罗汉坐于低矮台座上。扭身，头偏向左侧。身披无袖僧袍，下着长裤，右臂自然垂放在身侧，左手抚右膝。无发浓眉，双目微睁，宽鼻，高颧骨，下巴略凸。人物头、脸、双臂等肌肤裸露处不施釉，呈酱褐色，台座呈胎泥原色。僧袍施仿钧蓝釉，长裤施淡绿釉。

此像是原供奉于紫禁城内千秋亭中一佛龛内的两组共 36 尊罗汉像之一。

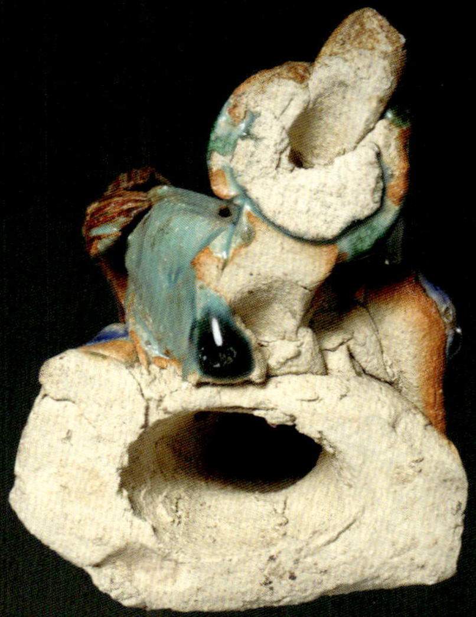

Jun-Type Grey-Blue Flambé-Glazed Seated Figure of Arhat with Hand Resting on the Knee

Qing Dynasty, H: 14cm; W: 7cm; T: 10cm, Collection of the Qing Court

077 仿钧蓝变釉持扇罗汉坐像

清

高 16 厘米　宽 10 厘米　厚 11 厘米

清宫旧藏

罗汉坐于山石台座上。抬首望向左上方。身披广袖僧袍，下着长裤，左臂自然垂放于身侧，右手持一蒲扇放在右膝上，双腿交叠，脚穿僧鞋。无发弯眉，目光炯炯，细鼻，颧骨微高，抿嘴微笑。人物头、手等肌肤裸露处不施釉，呈酱褐色，台座显胎泥原色。僧袍施仿钧蓝窑变釉，衣领、腰带呈酱色，长裤施淡青釉，蒲扇施黄釉。

此像是原供奉于紫禁城内千秋亭中一佛龛内的两组共 36 尊罗汉像之一。

Jun-Type Grey-Blue Flambé-Glazed Seated Figure of Arhat Holding a Fan

Qing Dynasty, H: 16cm; W: 10cm; T: 11cm, Collection of the Qing Court

078 仿钧蓝变釉交脚罗汉坐像

清

高 17 厘米　宽 11 厘米　厚 12 厘米

清宫旧藏

罗汉坐于山石台座上。头微偏，笑口大开。身披广袖僧袍，下着长裤，脚穿僧鞋，双手自然靠于身侧，两手缩于袖内。卷发浓眉，双目微睁，细鼻，颧骨微高，胡须浓密。人物头、脸、足等肌肤裸露处不施釉，呈酱褐色，台座显胎泥原色。僧袍施仿钧蓝窑变釉，袖口、长裤施米白釉，须发、衣领、僧鞋等施酱釉。

此像是原供奉于紫禁城内千秋亭中一佛龛内的两组共 36 尊罗汉像之一。

Jun-Type Grey-Blue Flambé-Glazed Seated Figure of Arhat with Crossed Feet

Qing Dynasty, H: 17cm; W: 11cm; T: 12cm, Collection of the Qing Court

079 仿钧蓝变釉抚膝罗汉坐像

清

高 14 厘米　宽 8 厘米　厚 12 厘米

清宫旧藏

罗汉坐姿。身披广袖僧袍，下着长裤，双腿屈起，左臂自然垂于身侧，右手抚左膝。无发宽额，浓眉大眼，双目圆睁，宽鼻，高颧骨，胡须浓密。人物头、脸、手等肌肤裸露处不施釉，呈酱褐色。僧袍施仿钧蓝窑变釉，长裤施米白釉。

此像是原供奉于紫禁城内千秋亭中一佛龛内的两组共 36 尊罗汉像之一。

Jun-Type Grey-Blue Flambé-Glazed Seated Figure of Arhat with Hand Resting on the Knee

Qing Dynasty, H: 14cm; W: 8cm; T: 12cm, Collection of the Qing Court

080 仿钧蓝变釉持拂尘罗汉坐像

清

高 14 厘米　宽 11 厘米　厚 14 厘米

清宫旧藏

罗汉坐靠于山石台座上。头偏向右侧，凝望前方。身披广袖僧袍，下穿长裤，左臂自然弯肘靠在台座上，左手持一拂尘，右手抚左膝。高额浓眉，双目微睁，宽鼻，高颧骨，胡须浓密。人物头、脸、手等肌肤裸露处不施釉，呈酱褐色。僧袍施仿钧蓝窑变釉，长裤施米白釉，眉、须、衣领、拂尘执柄等部位施黑釉。

此像是原供奉于紫禁城内千秋亭中一佛龛内的两组共 36 尊罗汉像之一。

Jun-Type Grey-Blue Flambé-Glazed Seated Figure of Arhat Holding a Fly Whisk
Qing Dynasty, H: 14cm; W: 11cm; T: 14cm, Collection of the Qing Court

081 仿钧蓝变釉笑面罗汉坐像

清

高 16 厘米　宽 9.5 厘米　厚 11 厘米

清宫旧藏

罗汉笑口大开，坐于山石台座上。身披广袖僧袍，下着长裤，脚穿僧鞋，左手抚右衣袖。卷发浓眉，双目微睁，细鼻，颧骨微高，胡须浓密。人物头、脸、足等肌肤裸露处不施釉，呈酱褐色，台座显胎泥原色。僧袍施仿钧蓝窑变釉，长裤施米白釉，衣领、僧鞋施酱釉。

此像是原供奉于紫禁城内千秋亭中一佛龛内的两组共 36 尊罗汉像之一。

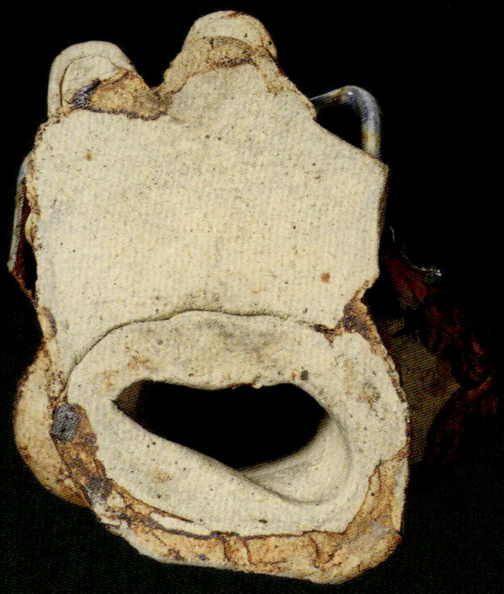

Jun-Type Grey-Blue Flambé-Glazed Seated Figure of Smiling Arhat

Qing Dynasty, H: 16cm; W: 9.5cm; T: 11cm, Collection of the Qing Court

082 仿钧蓝变釉挽袖罗汉坐像

清

高 16 厘米　宽 8 厘米　厚 10.5 厘米

清宫旧藏

罗汉双腿交叠，坐在山石台座上。头偏向左侧，凝视前方。身披广袖僧袍，右边衣袖高挽露出手臂，下着长裤，脚穿僧鞋，右手撑在石座上，左手抬起抚右肩。卷发浓眉，双目圆睁，宽鼻，高颧骨，胡须浓密。人物头、脸、手臂等肌肤裸露处不施釉，呈酱褐色，台座显胎泥原色。僧袍施仿钧蓝窑变釉，长裤施米白釉。

此像是原供奉于紫禁城内千秋亭中一佛龛内的两组共 36 尊罗汉像之一。

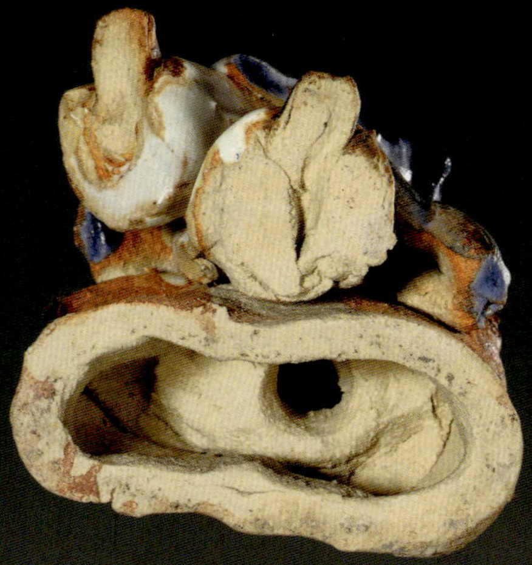

Jun-Type Grey-Blue Flambé-Glazed Seated Figure of Arhat with Rolled-Up Sleeves

Qing Dynasty, H: 16cm; W: 8cm; T: 10.5cm, Collection of the Qing Court

083 仿钧蓝变釉戴风帽罗汉坐像

清

高 16 厘米　宽 10 厘米　厚 11 厘米

清宫旧藏

罗汉坐在山石台座上。头戴风帽，身披广袖僧袍，下着长裤，脚穿僧鞋。弯眉宽额，双目炯炯，颧骨微高，嘴角微抿，似带笑意。人物脸、手等肌肤裸露处不施釉，呈酱褐色。僧袍施仿钧蓝窑变釉，长裤施米白釉。

此像是原供奉于紫禁城内千秋亭中一佛龛内的两组共 36 尊罗汉像之一。

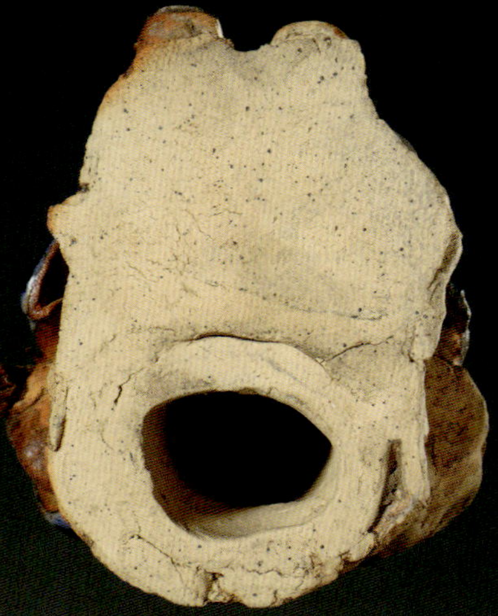

Jun-Type Grey-Blue Flambé-Glazed Seated Figure of Arhat with Hat

Qing Dynasty, H: 16cm; W: 10cm; T: 11cm, Collection of the Qing Court

084 仿钧蓝变釉跷腿罗汉坐像

清

高 15.5 厘米　宽 9 厘米　厚 11.5 厘米

清宫旧藏

罗汉跷腿坐在山石台座上，头偏向左侧，凝视前方。身披无袖僧袍，下穿长裤，裸左臂自然放在身前。无发弯眉，双目圆睁，宽鼻，颧骨微高。人物头、脸、手臂等肌肤裸露处不施釉，呈酱褐色。僧袍施仿钧蓝窑变釉，长裤施米白釉，眉、眼、衣领施黑釉。

此像是原供奉于紫禁城内千秋亭中一佛龛内的两组共 36 尊罗汉像之一。

Jun-Type Grey-Blue Flambé-Glazed Seated Figure of Cross-Legged Arhat

Qing Dynasty, H: 15.5cm; W: 9cm; T: 11.5cm, Collection of the Qing Court

085 仿钧蓝变釉抚膝罗汉坐像

清
高 15 厘米　宽 9 厘米　厚 11 厘米
清宫旧藏

罗汉坐姿。头偏向右侧，右腿屈抬，右脚踏在石座上，双手相交放于右膝之上。圆脸，弯眉细目，嘴带笑意。身披广袖僧袍，下着长裤，足穿僧鞋。人物头、脸、手等肌肤裸露处不施釉，呈酱褐色。僧袍施仿钧蓝窑变釉，长裤施米白釉。

此像是原供奉于紫禁城内千秋亭中一佛龛内的两组共 36 尊罗汉像之一。

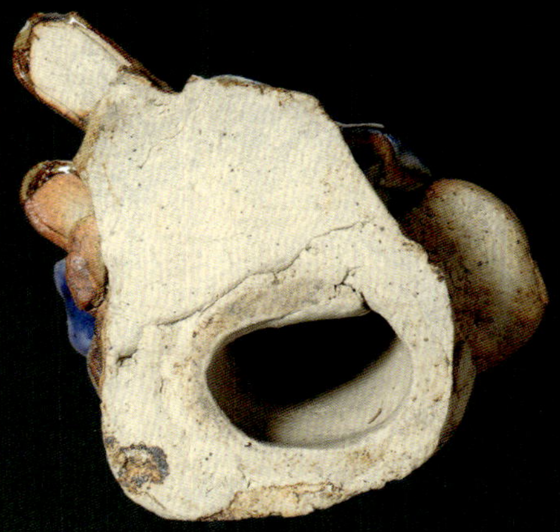

Jun-Type Grey-Blue Flambé-Glazed Seated Figure of Arhat with Hand Resting on the Knee
Qing Dynasty, H: 15cm; W: 9cm; T: 11cm, Collection of the Qing Court

086 仿钧蓝变釉抚膝罗汉坐像

清
高 15 厘米　宽 11 厘米　厚 12 厘米
清宫旧藏

罗汉面带微笑，坐在山石台座上，头偏右上方。身披广袖僧袍，左袖挽起，手自然放在膝上，下着长裤，脚穿僧鞋。卷发宽额，弯眉细目，颧骨微高。人物头、脸、手臂等肌肤裸露处不施釉，呈酱褐色，石座显胎泥本色。僧袍施仿钧蓝窑变釉，长裤施米白釉，须发、眉眼、衣领施酱黑色釉。

此像是原供奉于紫禁城内千秋亭中一佛龛内的两组共 36 尊罗汉像之一。

Jun-Type Grey-Blue Flambé-Glazed Seated Figure of Arhat with Hand Resting on the Knee
Qing Dynasty, H: 15cm; W: 11cm; T: 12cm, Collection of the Qing Court

087 仿钧蓝变釉抱膝罗汉坐像

清

高 15 厘米　宽 7.5 厘米　厚 9 厘米

清宫旧藏

罗汉屈腿坐在山石台座上，头微低，弓背，右腿屈抬，脚蹬台座，双臂交手放在膝上。身披广袖僧袍，下着长裤。高额浓眉，双目圆睁，高颧骨，胡须浓密。人物头、脸不施釉，呈酱褐色，石座素胎，显胎泥本色。僧袍施仿钧蓝窑变釉，长裤施淡绿釉，须发、眉眼施黑釉。

此像是原供奉于紫禁城内千秋亭中一佛龛内的两组共 36 尊罗汉像之一。

Jun-Type Grey-Blue Flambé-Glazed Seated Figure of Arhat with Hand Resting on the Knee

Qing Dynasty, H: 15cm; W: 7.5cm; T: 9cm, Collection of the Qing Court

088 米白釉罗汉坐像

清

高 21 厘米　宽 14 厘米　厚 13 厘米

清宫旧藏

罗汉塑成一瘦骨嶙峋、凝神静思的僧人形象。屈腿盘坐，上身赤裸，下穿长裤，跣足。头微低，发须浓密，宽额浓眉，双目圆睁。人物脸、上身、足等肌肤裸露处不施釉，显褐色胎骨。长裤施米白色和淡绿色釉，头发、胡须亦施米白釉。

此像清宫旧藏，原陈设于紫禁城内廷东路宁寿宫区乾隆花园的萃赏楼后楼楼上一长木炕几上。

Creamy-White-Glazed Seated Figure of Arhat

Qing Dynasty, H: 21cm; W: 14cm; T: 13cm, Collection of the Qing Court

089 仿钧蓝变釉罗汉坐像

清
高 13.5 厘米　宽 9.5 厘米
1954 年入藏

罗汉坐姿。头披风帽，身穿广袖大袍，袍内双手抱膝于身前，袍下伸出一赤足。面庞丰腴，宽额挑眉，双目凝视前方，嘴角微抿似带笑意。像除脸、足无釉露胎外，满施蓝白相间的仿钧蓝窑变釉，釉薄处显酱褐色胎骨。

各种仙、佛、儒、道及历史人物塑像是明清石湾窑最具艺术性的陶艺产品。石湾窑明代作品泥塑手法简练，人物全身和脸部一般均施釉。至清代，虽然少数制品仍然延续了明代泥塑全身施釉的做法，但已不是主流。清代的石湾陶塑创造性地利用石湾陶泥可塑性强、烧制后泥料本色近似人体肌肤颜色的特点，人物陶塑多采用部分施釉法，即所塑人物的头脸、手足和部分躯体等部位不施釉，利用胎泥本色来表现人体的肌肤颜色，成为石湾窑陶塑最突出的特征。此像罗汉作凝神静思状，表情超然又略带笑意，给人以无尽的遐想。

Jun-Type Grey-Blue Flambé-Glazed Seated Figure of Arhat
Qing Dynasty, H: 13.5cm; W: 9.5cm, Acquisition Date: 1954

090 白釉伏狮罗汉坐像

清

高 21.5 厘米　宽 12 厘米　厚 9 厘米

1956 年入藏

罗汉坐姿。头微低，凝视下方。高额弯眉，双目圆睁，颧骨高，胡须浓密。身披广袖僧袍，足穿软履。左腿盘起，左手托钵放在腿上，右手捻指抬于胸前。身前左侧塑一蹲伏的卷发雄狮，狮头仰起看向罗汉。人物脸、手等肌肤裸露处不施釉，胎体呈深褐色。像身中空。僧袍施米白色釉，釉面密布开片，胡须点缀白釉，狮子毛发则涂施酱釉。

此像人物塑造生动传神，神态安宁，似有所想，衣纹刻划简洁，刀工流畅。

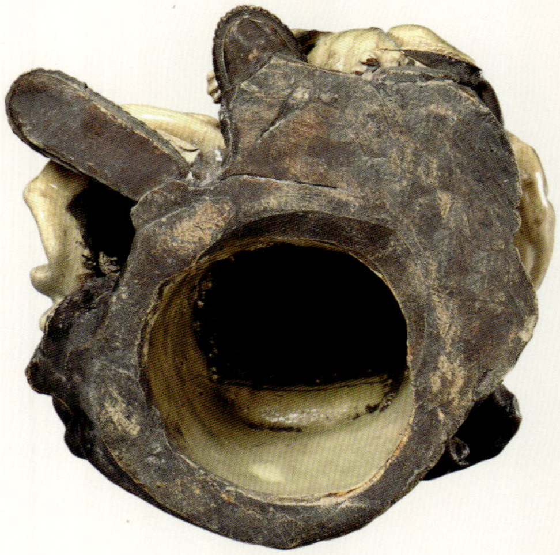

White-Glazed Seated Figure of Arhat with a Prostrating Lion

Qing Dynasty, H: 21.5cm; W: 12cm; T: 9cm, Acquisition Date: 1956

091 仿哥釉达摩坐像

清

高 9 厘米

1958 年入藏

像坐姿，螺发，眉、须卷曲，鼻梁挺直。身披袈裟，两手隐于衣中。头、脸、身、足、底座不施釉，露出胎泥本色。袈裟施仿哥釉，釉呈青灰色，釉面密布开片。底无釉，中间有黑褐色泥板，四周与底足相接处接痕明显，应是烧成后再封闭底足时所加。

达摩是我国古代南北朝时期的著名禅僧，本名“菩提多罗”，学佛法后改名“菩提达摩”（Bodlhidharma），通称达摩，意译为觉法，为大乘佛教中国禅宗始祖。早期文献曾称达摩为波斯国人，唐释道宣《续高僧传》后均记为南天竺国（今印度）香至王第三子。相传达摩于南朝梁普通年间（520 ~ 526 年，一说南朝宋末年约 479 年）渡海到达广州，后于建康（今南京）传播佛法，因与梁武帝在教义上意见不合而折苇化舟渡江北去。北魏时期在河南洛阳、嵩山一带传教，曾在少林寺面壁 9 年而终创中国佛教禅宗一派。

达摩像是石湾窑陶塑中比较流行的人物题材，有些作品为表现达摩的异域高僧形象，常把人物的头发、眉毛或胡须等塑成卷发状，此像可为代表。

Ge-Type Glazed Seated Figure of Bodhidharma

Qing Dynasty, H: 9cm, Acquisition Date: 1958

092 仿哥釉达摩坐像

清

通高 28 厘米　宽 21 厘米　厚 18厘米

1957 年入藏

达摩屈膝盘腿坐在山石台座上，低头，卷发，宽额弯眉，双目微阖，似在沉思，鼻梁挺直，嘴角微抿，胡须浓密，下巴以抚膝的双手支撑。上身、小腿赤裸，下穿长裤。台座表面铺满松叶，像后塑一株青松，左侧置一钵，右边放经卷。人物肌肤裸露处不施釉，呈酱色。长裤和松柏枝叶施仿哥釉，并以仿钧蓝窑变釉点缀。

此像以进入禅定状态的达摩形象为题材，配以嶙峋的山石和苍劲的青松，人物刻划精细，高鼻深目，须、发、眉毛卷曲，有明显异域高僧特征，人物的肌肤以胎泥本色表现，更添魅力。

Ge-Type Glazed Seated Figure of Bodhidharma

Qing Dynasty, H (in total): 28cm; W: 21cm; T: 18cm, Acquisition Date: 1957

093 仿钧釉只履西归达摩像

清

高 23 厘米　底宽 11 厘米

1954 年入藏

　　达摩站姿。光头袒胸，面相庄严，双目圆睁，凝视前方，须髯呈卷曲状。身披袈裟，拱手持一履，跣足。像除脸、胸、足无釉露胎外，满施棕褐色夹杂流淌状蓝白相间的窑变釉。

　　在我国民间流传着许多关于达摩的传说故事，如一苇渡江、面壁九年、断臂立雪、只履西归等。此像即取材于达摩只履西归的传说故事。据《传灯录》载："后魏孝明帝太和十九年，达摩大师于禹门千圣寺端坐而化，其徒为之葬熊耳山，起塔于定林寺。后二年，魏宋云奉使西域，回，遇师于葱岭，手携只履，翩翩独逝。问师何往？曰：西天去。云具奏其事，帝令启圹视之，惟见空棺，一革履存焉。"达摩只履西归的传说表达了人们对达摩祖师的崇敬和思念之情，也成为后世艺术家经常表现的达摩故事题材之一，清代石湾窑陶塑达摩像就常常使用这一题材。

Jun-Type Glazed Figure of Bodhidharma Carrying a Shoe

Qing Dynasty, H: 23cm; W (at bottom): 11cm, Acquisition Date: 1954

094 石榴红釉只履西归达摩像

清

高 27.5 厘米　宽 10.5 厘米　厚 8.5 厘米

1957 年入藏

达摩跣足站立。宽额浓眉，双目圆睁，高颧骨，口微张，胡须浓密，头发、眉毛、胡须卷曲。身披广袖僧袍，左手在上，右手在下，自然交于身前，左手托一履。僧袍通体施仿钧石榴红釉，色调浓艳，釉面光亮。头发、眉毛、胡须呈黑褐色，头脸、手、足等肌肤裸露处不施釉，以胎泥本色表现人体的肤色。

Pomegranate-Red-Glazed Figure of Bodhidharma Carrying a Shoe

Qing Dynasty, H: 27.5cm; W: 10.5cm; T: 8.5cm, Acquisition Date: 1957

095 乌金釉只履西归达摩像

清

通高 25.5 厘米　高 20.4 厘米

清宫旧藏

达摩面带微笑，跣足站立，身披宽袖袈裟，下穿长裤，敞胸露怀，右手持一木杖，杖上挂由细绳捆扎的一双鞋子，左手轻抬。赤发宽额，浓眉大眼，胡须卷曲浓密。通体施乌金釉，釉薄处呈酱色。

此像原为紫禁城内廷御花园中延晖阁、位育斋或千秋亭内佛堂中的供像。人物刻画生动写实，衣纹线条刚劲自然，显示出塑像者圆熟高超的泥塑技艺。

Mirror-Black-Glazed Figure of Bodhidharma Carrying a Shoe
Qing Dynasty, H (in total): 25.5cm; H: 20.4cm, Collection of the Qing Court

096 仿哥釉只履西归达摩像

清

高 26 厘米　宽 19 厘米　厚 7 厘米

1963 年入藏

达摩跣足站立，身披袈裟，下穿长裤，右手托只履，左手轻抚腰带，尖头高额，浓眉弯目，目光深邃。人物肌肤裸露处不施釉，胎体呈深褐色，衣袍施仿哥釉，釉色米白，釉面布满开片。像身中空。

Ge-Type Glazed Figure of Bodhidharma Carrying a Shoe

Qing Dynasty, H: 26cm; W: 19cm; T: 7cm, Acquisition Date: 1963

097 仿钧蓝变釉铁拐李坐像

清

高 29.5 厘米　宽 9.1 厘米　厚 8.4 厘米

1957 年入藏

铁拐李裸腿赤足坐于山石高座上之上，额心塑一黑痣，脸部肌肤皱纹明显，弯眉大眼，双目圆睁，胡须浓密。身披长袍，袒胸露腹，右手拄木拐，左手托一酒葫芦放在胸前。衣袍施钧蓝釉，釉面莹亮。全身肌肤裸露处不施釉，以酱色胎泥模仿人物的肌肤。

Jun-Type Grey-Blue Flambé-Glazed Seated Figure of Li Tieguai

Qing Dynasty, H: 29.5cm; W: 9.1cm; T: 8.4cm, Acquisition Date: 1957

098 石榴红釉钟馗坐像

清

高 21 厘米　底径 8.5 厘米

1965 年入藏

像坐姿，头戴冠帽，宽额浓眉，双目圆睁，丰鼻阔嘴，胡须浓密。身披广袖大衣，袒胸露腹，大腹便便，左臂隐于袖内自然下垂，右手持折扇举于腹前，足穿云靴，坐于几凳之上。像除脸、胸、腹无釉露胎外，衣、凳施仿钧石榴红釉、黄釉，釉色浓艳，冠帽、眉毛、眼睛、胡须、折扇等施黑釉。

钟馗是中国民间俗神信仰中比较常见的崇拜对象之一，有镇鬼克邪之效。此像人物造型粗犷，衣纹刻画简洁圆润，表情威严刚劲，充分表达了人物刚正不阿、不惧邪魅的精神特质。

Pomegranate-Red-Glazed Seated Figure of Zhong Kui

Qing Dynasty, H: 21cm; Diam. (at bottom): 8.5cm, Acquisition Date: 1965

099 青釉苏东坡爱砚像

清

高 54.5 厘米　宽 19 厘米　厚 15.8 厘米

1963 年入藏

东坡塑成一站立的中年文士形象。头微偏向右侧，戴黑帽，帽前正中有一白玉状配饰。方脸，面容生动，五官清晰，似在微笑凝望前方，颈下飘动五缕长髯。内着交领衣，下着裳，外穿宽袖长袍，系腰带，带上坠飘带和玉佩，足穿鞋。左臂自然放在身前，右臂屈肘手托一方素面砚台。人物衣服施黄绿色青釉，釉面莹亮，密布开片。发、须、帽、腰带、砚、鞋等部位呈深褐色，脸部露胎，以胎体原色表现人物的肌肤。

大文豪苏东坡爱砚如痴，他喜砚藏砚，并在砚上题咏赞美，石湾窑的苏东坡塑像多以此为题材。此像塑工技艺高超，生动写实地刻画出苏东坡儒雅清高的气质。

Celadon Figure of Su Shi with an Inkstone

Qing Dynasty, H: 54.5cm; W: 19cm; T: 15.8cm, Acquisition Date: 1963

100 白釉褐彩鸭

清

高 12 厘米　长 22 厘米

1965 年入藏

鸭卧姿，双掌收于腹下，头微偏。鸭身施白釉，眼、羽毛等以深浅不一的褐色彩绘表现，鸭喙呈酱色。

陶塑动物造型是明清石湾窑突出成就之一，常见猫、狮子、水鸭、水牛、瑞兽、雄鹰、雀鸟、小鸡、鹌鹑、梅花鹿、猕猴、蛙蟾等，制品有素胎和施釉点彩之分。清代擅长塑造动物造型的名家有黄柄、黄古珍、廖荣、区大等，其中黄柄将中国画中刻画雀鸟翎毛的技法引入陶塑之中，首创胎毛技法，以刻划动物的皮毛，生动逼真，他制作的猫、鸭等造型十分传神，有“黄柄猫”“黄柄鸭”的美称。此器塑工比例精确，釉彩朴实，给人以生动鲜活之感。

Figure of a Duck with Dark-Brown Glaze on White Ground

Qing Dynasty, H: 12cm; L: 22cm, Acquisition Date: 1965

101 素胎瑞兽

清

高 20 厘米　长 18 厘米　宽 9 厘米

1955 年入藏

瑞兽昂首蹲伏，头生双角，两耳直立，颌下有长髯，头身壮硕，肌肉充满力量，短尾。通体基本素胎不施釉，眼珠点染黑釉，显得炯炯有神，皮毛用胎毛技法，生动逼真。

Biscuit Figure of an Auspicious Beast

Qing Dynasty, H: 20cm; L: 18cm; W: 9cm, Acquisition Date: 1955

102 雨淋墙釉梅瓶

清

高 41 厘米　口径 7 厘米　足径 15 厘米

1965 年入藏

瓶唇口，短直颈，丰肩，腹自肩下敛，圈足。外壁施仿钧蓝窑变釉，釉色蓝白相间，错杂流淌，色彩斑斓，近底处有垂釉痕。外底无釉，胎棕褐色，胎质较粗。

此器造型规整秀美，釉色斑斓绚丽，釉面流淌感强，颇似雨水淋在墙面上留下的痕迹，故此有“雨淋墙”或“雨洒蓝”釉的美称。

Meiping Vase with Raindrop Glaze

Qing Dynasty, H: 41cm; Diam. (at mouth): 7cm; Diam. (at foot): 15cm, Acquisition Date: 1965

103 窑变釉梅瓶

清

高 27.2 厘米　口径 4.6 厘米　足径 7.7 厘米

1965 年入藏

瓶唇口，短直颈，丰肩，长腹自肩渐敛，胫部微撇，圈足。外壁施窑变釉，釉色淡绿、米黄中杂有石榴红色，釉面流淌感强，色彩斑驳绚丽。底无釉，胎酱褐色，胎质较粗。

Flambé-Glazed *Meiping* Vase

Qing Dynasty, H: 27.2cm; Diam. (at mouth): 4.6cm; Diam. (at foot): 7.7cm, Acquisition Date: 1965

104 墨绿釉梅瓶

清

高 24.8 厘米　口径 3.5 厘米　足径 9.5 厘米

清宫旧藏

瓶唇口，短颈微束，丰肩，腹自肩下敛，胫部微撇，圈足。外壁施墨绿色釉，釉面莹亮，色调深沉。外底无釉露胎，并留有宫中原贴黄色纸条，上书“春二千八百十九号”。

此器清宫旧藏，原为紫禁城内廷西路养心殿西暖阁内的陈设器。

Dark-Green-Glazed *Meiping* Vase

Qing Dynasty, H: 24.8cm; Diam. (at mouth): 3.5cm; Diam. (at foot): 9.5cm, Collection of the Qing Court

105 仿钧蓝变釉撇口瓶

清

高 32 厘米　口径 10.5 厘米　足径 9 厘米

清宫旧藏

瓶撇口，长颈，溜肩，鼓腹，圈足。外壁及底施仿钧蓝窑变釉，釉色蓝白相衬，色调淡雅。足墙无釉，胎褐红色，并留有宫中原贴黄色纸条，上书“春二千六百十三号”。

此瓶清宫旧藏，原陈设于紫禁城内廷西六宫之养心殿内。养心殿，明嘉靖时兴建，初为皇帝的便殿，清代自雍正朝开始直到清末，此殿一直作为皇帝的正寝之宫和处理日常政务及接见大臣之所，堪称清王朝实际上的决策中心。

Jun-Type Grey-Blue Flambé-Glazed Vase with Flared Rim

Qing Dynasty, H: 32cm; Diam. (at mouth): 10.5cm; Diam. (at foot): 9cm, Collection of the Qing Court

106 仿钧蓝变釉海棠式瓶

清

高 24 厘米　口径 5.7 厘米　足径 11 × 10.5 厘米

1958 年入藏

瓶身呈四瓣海棠花式。唇口，短颈，丰肩，深腹，束胫，近底处微外撇，隐圈足。通体施仿钧蓝窑变釉，色调淡雅，釉面有明显缩釉点。底施釉不匀，足墙露胎。

此瓶腹壁以四道凹棱把器身分为四体，使瓶体好似一朵盛开的四瓣海棠花，造型秀美生动，展现出石湾陶工高超的成型工艺水平。

Jun-Type Grey-Blue Flambé-Glazed Quatrefoil Vase

Qing Dynasty, H: 24cm; Diam. (at mouth): 5.7cm; Diam. (at foot): 11×10.5cm, Acquisition Date: 1958

107 仿钧蓝变釉长颈瓶

清

高 14 厘米　口径 2.5 厘米　足径 5.2 厘米

1965 年入藏

瓶直口，细长颈，溜肩，垂腹，圈足。外壁通体施釉，釉色以黑为底，蓝、白两色交融流淌，口沿釉薄处呈酱色，釉面莹润，玻璃质感强，有多处缩釉点。底无釉，胎棕褐色。

此器造型秀巧，釉色深邃，施釉匀净，既可陈设，亦可做插花之器。

Jun-Type Grey-Blue Flambé-Glazed Pear-Shaped Vase

Qing Dynasty, H: 14cm; Diam. (at mouth): 2.5cm; Diam. (at foot): 5.2cm, Acquisition Date: 1965

108 雨淋墙釉塑贴蟠螭长颈瓶

清

高 21.4 厘米　口径 4.5 厘米　足径 6.8 厘米

1957 年入藏

瓶敞口，细长颈，圆腹，圈足。颈下部塑贴一盘绕而上的蟠螭。外壁通体施仿钧蓝窑变釉，釉色斑驳错杂，口沿和蟠螭的头、爪、脊背等釉薄处呈酱色。外底无釉，胎棕褐色。

此器釉色以黑为底，蓝、白两色错杂流淌，特别是白色面釉的面积大，流淌感强烈，颇似雨水淋在墙上的水迹。这种釉面特点在明清石湾窑仿钧釉产品中又有“雨淋墙”或“雨洒蓝”的美称。

Pear-Shaped Vase with Raindrop Glaze and Slip-Trailed Decoration of Stylized Dragon-Form Loops
Qing Dynasty, H: 21.4cm; Diam. (at mouth): 4.5cm; Diam. (at foot): 6.8cm, Acquisition Date: 1957

109 仿钧釉塑贴蟠螭长颈瓶

清
高 31.5 厘米　口径 4.4 厘米　足径 6.9 厘米
1965 年入藏

瓶直口，细长颈，溜肩，圆腹，圈足。外壁通体施窑变釉，釉色以酱黑色为底，淡淡的蓝、白两色釉流淌其上，口沿、蟠螭等釉薄处呈月白色，釉面莹润，玻璃质感强，有多处缩釉点。底无釉，胎棕褐色。

Jun-Type Glazed Vase with Slip-Trailed Decoration of Stylized Dragon-Form Loops
Qing Dynasty, H: 31.5cm; Diam. (at mouth): 4.4cm; Diam. (at foot): 6.9cm, Acquisition Date: 1965

110 玳瑁釉撇口瓶

清

高 23.2 厘米　口径 11.5 厘米　足径 8 厘米

1965 年入藏

瓶撇口，直颈，溜肩，腹上丰下敛，隐圈足。外壁浇施褐、黄、绿、蓝、白等色釉，这些色釉在高温熔融下交融流淌，给人以斑驳陆离、亦梦亦幻之感。釉面玻璃质感强，布满细碎开片。底无釉，胎棕褐色，胎质较粗。

Tortoise Shell-Glazed Vase with Flared Rim

Qing Dynasty, H: 23.2cm; Diam. (at mouth): 11.5cm; Diam. (at foot): 8cm, Acquisition Date: 1965

111 灰蓝釉刻花象耳扁瓶

清

高 21.8 厘米　口径 5.5×4 厘米　底径 8.8×4.8 厘米

1954 年入藏

瓶直口，颈呈六方形，扁圆腹，平底。颈、肩部两侧置对称象形耳。外壁通体施灰蓝色釉，釉面有磨，内含杂质。釉下刻花装饰，因釉面磨损，纹饰模糊不清。底无釉。

此器造型规整，六方形的口、颈，配上扁圆形器腹，优美且不变形，显示出石湾窑工高超的成型工艺水平。

Blue-Grey-Glazed Flask with Elephant-Head Handles and Incised Decoration

Qing Dynasty, H: 21.8cm; Diam. (at mouth): 5.5×4cm; Diam. (at bottom): 8.8×4.8cm, Acquisition Date: 1954

112

仿哥釉盘口瓶

清

高 10.5 厘米　口径 6.5 厘米　足径 4 厘米

1963 年入藏

瓶盘口，阔颈，溜肩，圆腹，圈足。通体施釉，釉色蓝中泛灰青色，釉面密布粗细纹路交错的开片。足墙露胎，胎黑褐色，胎质较粗。

此瓶造型敦厚，釉面开片纹路粗细相间，粗者黑褐色，细者呈浅黄色，颇有宋代哥窑釉面“金丝铁线”的开片纹效果，是石湾窑仿前代名窑之作。

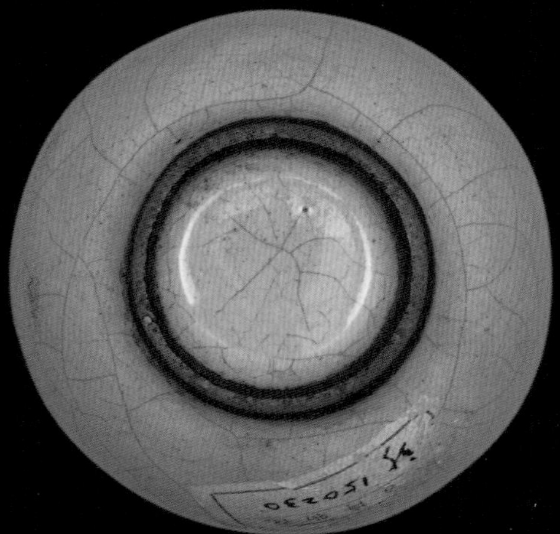

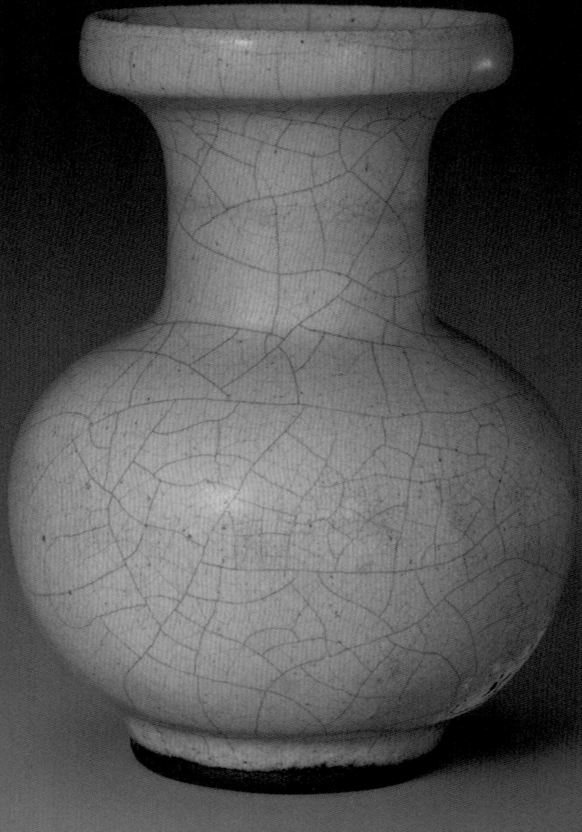

Ge-Type Glazed Vase with Dish-Shaped Mouth

Qing Dynasty, H: 10.5cm; Diam. (at mouth): 6.5cm; Diam. (at foot): 4cm, Acquisition Date: 1963

113 仿哥釉四系瓶

清

高 30.8 厘米　口径 7.3 厘米　足径 8.5 厘米

清宫旧藏

瓶盘口，短颈，丰肩，腹自肩下敛，隐圈足。肩部饰四个桥形耳。外壁及底施月白色仿哥釉，釉层厚而乳浊，釉面密布粗细纹路相间的开片，有明显缩釉点和杂质斑点。足端无釉，胎铁褐色。

此器为清宫旧藏，原藏紫禁城外廷东路宁寿宫区中路颐和轩内一木箱中。

Ge-Type Glazed Vase with Four Handles
Qing Dynasty, H: 30.8cm; Diam. (at mouth): 7.3cm; Diam. (at foot): 8.5cm, Collection of the Qing Court

114 仿哥釉塑贴蟠螭蒜头瓶

清

高 34.3 厘米　口径 4.5 厘米　足径 10.3 厘米

1964 年入藏

瓶敞口，口下呈蒜头形，细长颈，溜肩，圆垂腹，圈足微撇。颈部塑贴两条蟠螭盘绕而上。通体施青灰色仿哥釉，釉面密布开片纹。

这种长颈、垂圆腹，颈部塑贴蟠螭纹的瓶式是清代石湾窑流行陈设器形之一，釉色品种有茶叶末釉、玳瑁釉、仿哥釉、仿钧釉等多种。

Ge-Type Glazed Vase with Garlic-Bulb-Shaped Mouth and Slip-Trailed Decoration of Stylized Dragon-Form Loops

Qing Dynasty, H: 34.3cm; Diam. (at mouth): 4.5cm; Diam. (at foot): 10.3cm, Acquisition Date: 1964

115 ## 鳝鱼黄釉夔耳长颈瓶

清

高 17.1 厘米　口径 3.5 厘米　足径 5.5 厘米

1965 年入藏

瓶直口，细长颈，斜肩，垂腹，圈足。颈部两侧置对称夔龙衔环耳。外壁施鳝鱼黄釉，釉色墨绿泛黄，色调沉静优雅。口沿、夔耳边缘釉薄处呈酱色。底无釉，胎棕褐色，胎质较粗。

此瓶造型优美大方，釉色深沉。清代乾隆时期的景德镇御窑也生产类似的鳝鱼黄釉产品，此器应为石湾窑仿景德镇御窑器之作。

Eel-Skin-Glazed Pear-Shaped Vase with *Kui* Handles

Qing Dynasty, H: 17.1cm; Diam. (at mouth): 3.5cm; Diam. (at foot): 5.5cm, Acquisition Date: 1965

116 素胎开光模印回纹象耳四方瓶

清

高 26.2 厘米　口径 7.5×7 厘米　底径 7.6×7.3 厘米

1965 年入藏

瓶盘口，束颈，丰肩，扁四方形深腹，胫部微撇，平底。肩部两侧置对称象鼻衔环耳。通体棕褐色素胎，胎质细腻而体轻，表面个别部位因沾染窑汗而略有光泽。器身装饰以印花为主，并综合运用塑贴及刻花装饰，口沿下饰一道弦纹，颈饰鼓钉纹和下垂蕉叶纹各一周，腹四面依轮廓饰花窗式开光，开光内饰回纹及圈点纹。器底中心钤“昇名”二字篆书印章款。

此器造型古朴端庄，综合运用多种装饰技法，底有名款。“昇名”即“吴昇名”，清代中晚期石湾陶器店号，也可能是店主的姓名，产品延续“吴南石堂”制品风格，但质量略逊。

Biscuit Square-Form Vase with Moulded Patterns and Elephant-Head Handles

Qing Dynasty, H: 26.2cm; Diam. (at mouth): 7.5×7cm; Diam. (at bottom): 7.6×7.3cm, Acquisition Date: 1965

117 素胎开光模印回纹兽耳四方瓶

清

高 33 厘米　口径 9 厘米　底径 10.2×9.7 厘米

1957 年入藏

瓶盘口，束颈，丰肩，扁四方形深腹，胫部微撇，平底。肩部两侧置对称兽面耳。通体素胎，胎棕褐色，胎质细腻。器身装饰以印花为主，并综合运用塑贴及刻花装饰，口沿下饰一道弦纹，颈部饰鼓钉纹和下垂蕉叶纹各一周，腹四面依轮廓饰花窗式开光，开光内饰回纹及圈点纹。器底中心钤“昇名印”三字篆书印章款。

此器底钤“昇名印”款，与院藏“昇名”款同类素陶瓶是同一店号产品。

Biscuit Square-Form Vase with Moulded Patterns and Animal Handles

Qing Dynasty, H: 33cm; Diam. (at mouth): 9cm; Diam. (at bottom): 10.2×9.7cm, Acquisition Date: 1957

118 黄地加彩花卉纹长颈瓶

清

高 20.5 厘米　口径 4.5 厘米　足径 12 厘米

1965 年入藏

瓶撇口、长颈，颈部出两道浅棱，溜肩，鼓腹，圈足。外壁主体以淡黄色彩釉为地，上以粉、绿、蓝等色料绘画纹饰，颈部以蓝彩装饰的棱线将纹饰分为三层，上两层饰缠枝花纹，下一层饰蕉叶纹，肩饰如意云头纹，腹壁以蓝彩勾绘菱形开光，开光内绘朵花。底无釉，胎体较为粗松。

Pear-Shaped Vase with Floral Design in Coloured Glazes on Yellow Ground

Qing Dynasty, H: 20.5cm; Diam. (at mouth): 4.5cm; Diam. (at foot): 12cm, Acquisition Date: 1965

119 月白釉石榴尊

清

高 31 厘米　口径 13 厘米　足径 13.5 厘米

1957 年入藏

器花口外撇，粗束颈，溜肩，硕圆腹，圈足。通体施月白釉，釉面莹润光亮，密布大小不一的开片，可见缩釉点，腹底部垂釉，部分足墙被釉覆盖，足端无釉，显棕黄色胎体，胎体较为坚致。

石榴尊因造型花口外撇，腹硕圆似石榴而得名。明代有宣德青花和龙泉窑青釉制品传世。清代雍正、乾隆、嘉庆、道光时期的景德镇御窑多有生产，品种有粉彩、仿汝釉、仿哥釉、天蓝釉、窑变釉、青金蓝釉等。此尊造型与清代御窑制品类似，但在施釉工艺和釉面特征等方面有石湾窑自身的特点。

Clair-de-lune-Glazed Pomegranate-Form Vase

Qing Dynasty, H: 31cm; Diam. (at mouth): 13cm; Diam. (at foot): 13.5cm, Acquisition Date: 1957

120 天蓝釉壶

清

高 28 厘米　口径 6 厘米　足径 10 厘米

1965 年入藏

壶唇口，长颈，溜肩，圆腹，圈足。肩部一侧出一短弯流。外壁通体施天蓝釉，釉色浅淡，釉面有细碎开片，密布白色斑点和缩釉点，杂质明显。底无釉，胎色米黄，胎质较为粗松。

此器造型较为特殊，腹圆硕，肩部一侧出流，另一侧无执柄，与我国传统的壶形有异，应是石湾窑为满足外销需求而生产的产品。

Pale-Blue-Glazed Pot

Qing Dynasty, H: 28cm; Diam. (at mouth): 6cm; Diam. (at foot): 10cm, Acquisition Date: 1965

121 仿钧蓝变釉树桩形摆件

清

残高 37 厘米　宽 21.5 厘米　厚 13 厘米

1965 年入藏

器呈树桩形，顶部、器身有残缺，平底。通体施仿钧蓝窑变釉，釉色蓝、白错杂交融，釉薄处呈酱色。底无釉。

此器胎体厚重，胎质较粗，整体造型颇似老树的一截树桩，生动逼真。石湾窑所产这种作为庭院或室内装饰用的树桩形摆件主要流行于清代晚期。

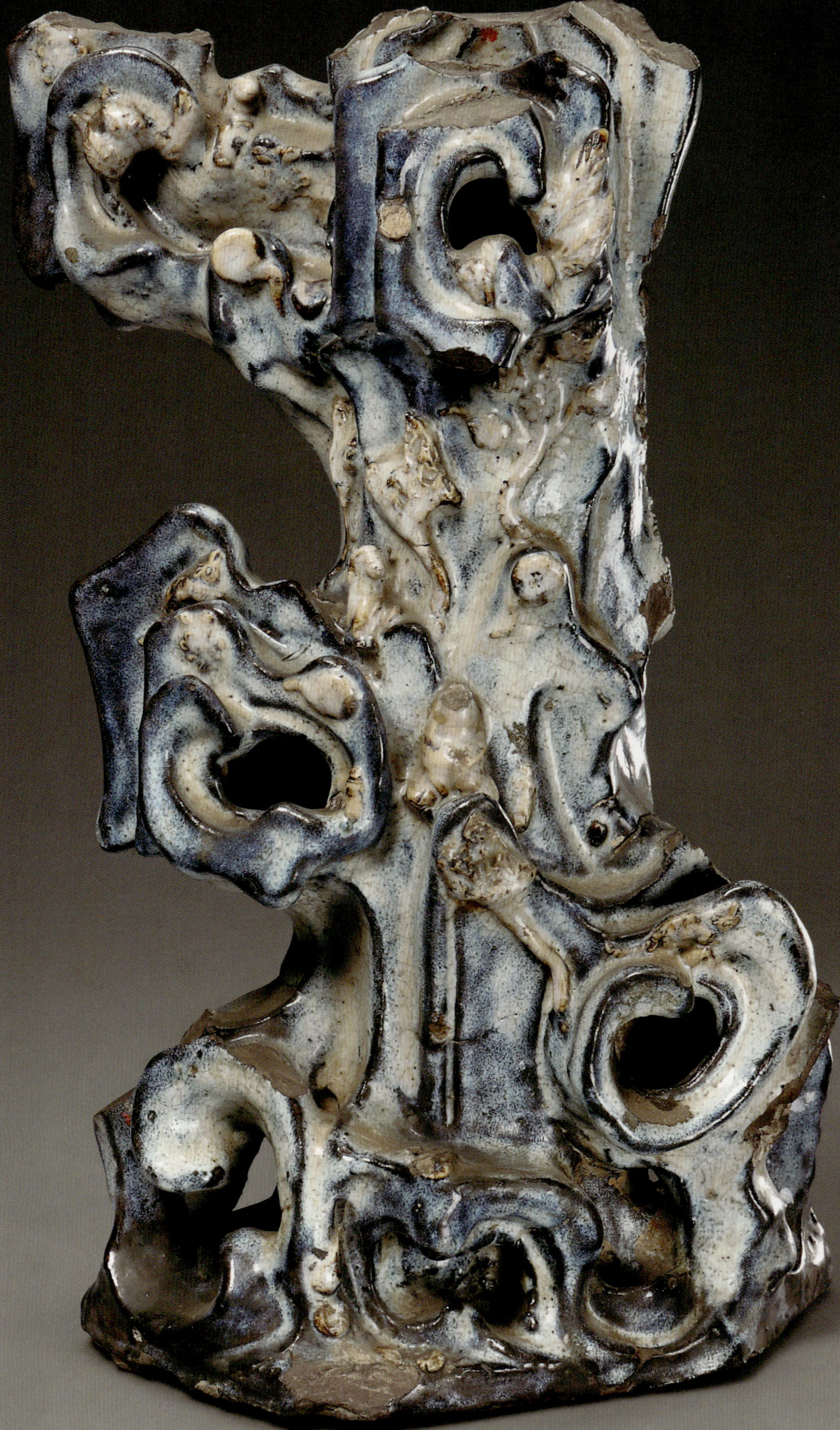

Jun-Type Blue Flambé-Glazed Stump-Shaped Ornament

Qing Dynasty, H (fragment): 37cm; W: 21.5cm; T: 13cm, Acquisition Date: 1965

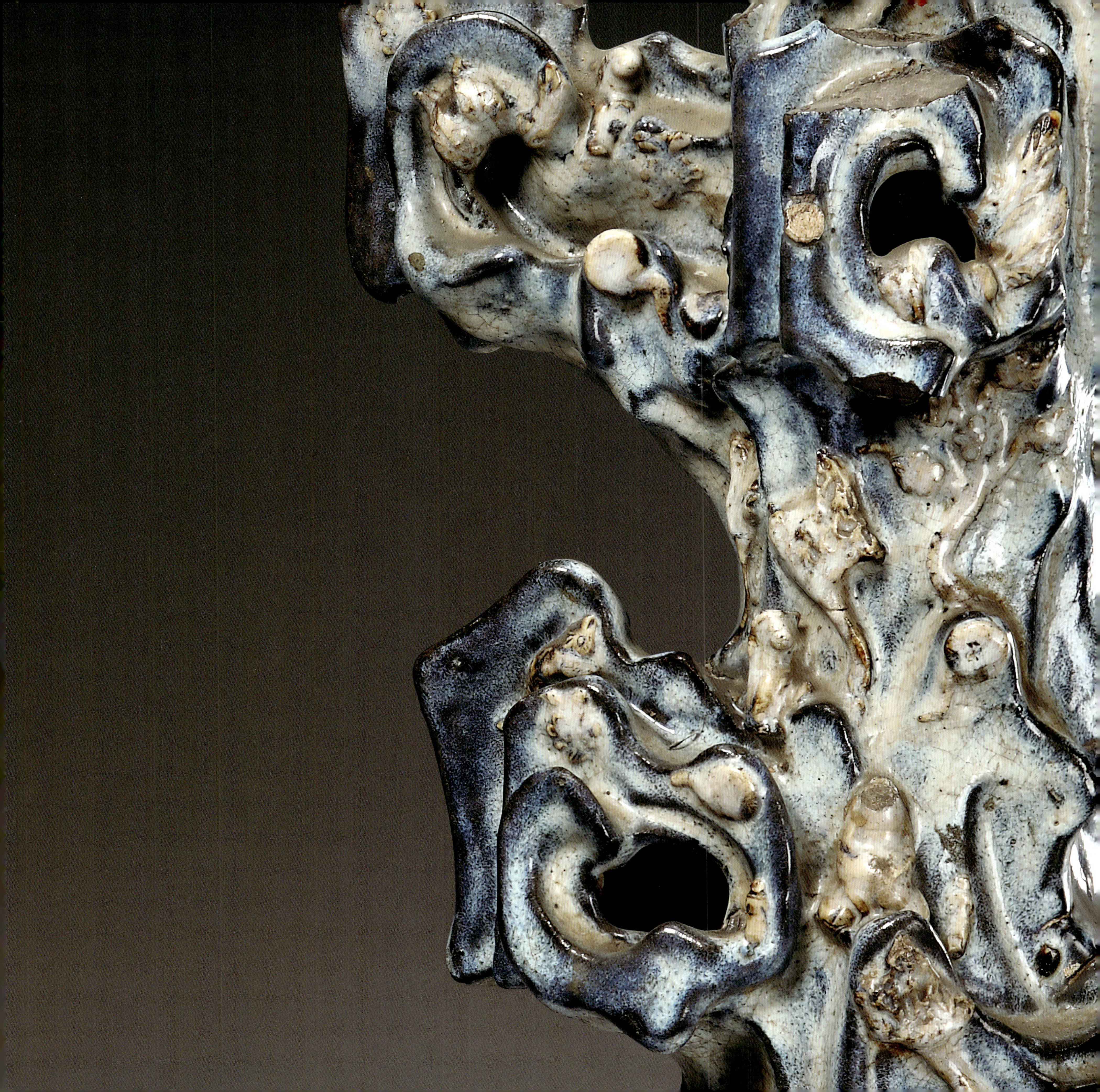

122 仿钧蓝变釉梅树形花插

清

高 25.4 厘米　口径 10.5 厘米　底径 9.7 厘米

1956 年入藏

花插敞口，筒形深腹，平底。外壁施黑、蓝、白三色错杂流淌的仿钧蓝窑变釉。底无釉，胎棕褐色。

此器造型仿木雕器，外壁凸雕梅树枝干及朵朵梅花，釉薄凸起出筋处呈棕褐色，釉色层次丰富，色调沉静，颇有自然生动的意趣。

Jun-Type Grey-Blue Flambé-Glazed Vase in the Form of a Plum Tree

Qing Dynasty, H: 25.4cm; Diam. (at mouth): 10.5cm; Diam. (at bottom): 9.7cm, Acquisition Date: 1956

123 翠毛釉象形花插

清

通高 13.6 厘米　口径 8.2×7.6 厘米　足距 9.5×6.5 厘米

清宫旧藏

花插呈象形，背开花瓣式口，下连花瓣式承盘，平底，下承四足。通体施黑、蓝、白错杂交融的窑变釉。

此器以寓意吉祥平安的大象为题材，造型新颖，清代一般将这种象类题材的工艺品称为“太平有象”。

Kingfisher-Feather-Blue-Glazed Vase in the Form of an Elephant

Qing Dynasty, H (in total): 13.6cm; Diam. (at mouth): 8.2×7.6cm; Distance btw. feet: 9.5×6.5cm, Collection of the Qing Court

124 雨淋墙釉牛形花插

清

高 10 厘米　长 20 厘米　宽 4.5 厘米

1963 年入藏

花插呈卧牛形。牛身四肢蜷伏，昂首嘶鸣，脊背高耸，上开阔颈花口。口内施釉呈酱色，牛身满施黑、蓝、白三色错杂交融的窑变釉，釉层凝厚，釉面垂流痕迹明显。底无釉，胎棕褐色。

Vase with Raindrop Glaze in the Form of an Ox

Qing Dynasty, H: 10cm; L: 20cm; W: 4.5cm, Acquisition Date: 1963

125 雨淋墙釉牛形花插

清
高 11 厘米　长 21 厘米　宽 9.5 厘米
清宫旧藏

花插呈卧牛形。牛四肢蜷伏卧于地上，昂首嘶鸣，脊背高耸，上开阔颈花口。口内施米黄釉，牛身满施黑、蓝、白三色交融流淌的仿钧“雨淋墙”窑变釉，釉层凝厚，釉面莹亮。

明清时期的石湾窑产品在注重器物造型实用性的同时，通过模仿自然界中的动物、植物造型，赋予了器物造型艺术性的升华。此器是清宫旧藏石湾陶中仿生造型的代表作，原藏紫禁城内廷外西路寿康宫内。

Vase with Raindrop Glaze in the Form of an Ox
Qing Dynasty, H: 11cm; L: 21cm; W: 9.5cm, Collection of the Qing Court

126 月白釉牛形花插

清

高 7.5 厘米　长 17.6 厘米　足径 6.5 厘米

清宫旧藏

花插呈卧牛形，牛四肢蜷伏卧于地上，昂首嘶鸣，脊背高耸，上开花口。牛身主体施月白釉，嘴、眼、角、尾和花口施酱、白两色熔融流淌的窑变釉。底无釉，白色胎，胎质细腻。

此器为清宫旧藏，原藏紫禁城内廷古董房御用器库房内。

Clair-de-lune-Glazed Vase in the Form of an Ox

Qing Dynasty, H: 7.5cm; L: 17.6cm; Diam. (at foot): 6.5cm, Collection of the Qing Court

127 雨淋墙釉蟾形花插

清

高 10.2 厘米　口径 7.6 厘米　底径 11 厘米

1966 年入藏

器呈一蹲伏的蟾形，背有花口外卷，阔颈，平底。外壁施“雨淋墙”窑变釉，釉色蓝、白相间，自然流淌，釉薄处呈黑褐色。

蟾即金蟾，在我国古代民间传统文化中是有招财进宝之效的吉祥动物。此器造型仿生，再施以色彩层次丰富的窑变釉，为石湾窑陶塑艺术增添了新的魅力。明清时期的石湾窑产品，不但釉色品种多，而且注重不同色釉的运用，把窑变釉成功地施于人物和动物陶塑上，将钧窑的装饰艺术与石湾窑本地的原料、工艺特点相结合，展现出自身产品鲜明的窑口特征。

Toad-Shaped Vase with Raindrop Glaze

Qing Dynasty, H: 10.2cm; Diam. (at mouth): 7.6cm; Diam. (at bottom): 11cm, Acquisition Date: 1966

128 雨淋墙釉蟾形花插

清

高 12.3 厘米　长 12.5 厘米　宽 9.5 厘米

1964 年入藏

花插呈立蟾形，连接海棠形底座，下承四足。通体施“雨淋墙”窑变釉，釉色蓝白相间，自然流淌，釉薄处呈黑褐色。

明清石湾窑花插类器善于模仿自然界的各种植物、动物造型，故宫博物院藏石湾窑动物形花插器就有牛、蟾、象等多种仿生器形，均模仿得惟妙惟肖。

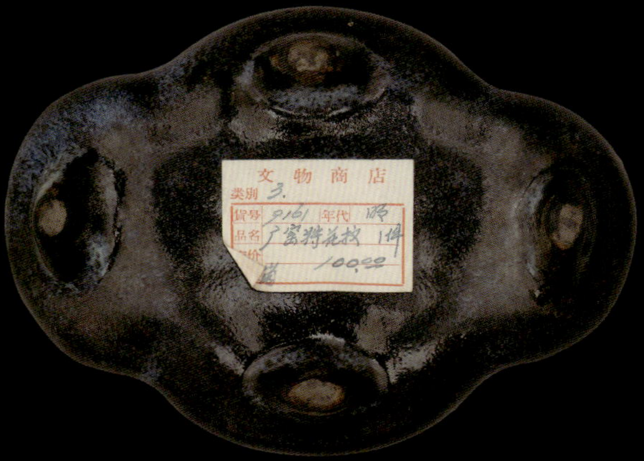

Toad-Shaped Vase with Raindrop Glaze

Qing Dynasty, H: 12.3cm; L: 12.5cm; W: 9.5cm, Acquisition Date: 1964

129 仿钧蓝变釉兔形砚滴

清

高 8 厘米　长 9 厘米　宽 3.7 厘米

1956 年入藏

器呈一蹲伏的兔形，造型生动可爱。仰首，兔嘴开孔为流，大耳附于背上，背部有圆孔做注水口，短尾。外壁通体施仿钧蓝窑变釉，釉色蓝白交融，釉面自然垂流，釉薄处露棕褐色胎骨。底无釉。

Jun-Type Grey-Blue Flambé-Glazed Water-Dropper in the Form of a Hare
Qing Dynasty, H: 8cm; L: 9cm; W: 3.7cm, Acquisition Date: 1956

130 仿钧蓝变釉塑贴狮耳炉

清

高 14 厘米　口径 24 厘米　足径 19.2 厘米

清宫旧藏

炉撇口，折沿，阔颈，垂腹，圈足。腹部两侧塑贴对称狮首耳。外壁施仿钧蓝窑变釉，上部釉色以黑为主，口沿和下腹部产生蓝白相间的窑变效果，釉面莹亮。器里、外底无釉，胎褐红色。

此炉为清宫旧藏，原藏清代盛京皇宫（今沈阳故宫）内。

Jun-Type Grey-Blue Flambé-Glazed Incense Burner with Slip-Trailed Lion-Head Handles

Qing Dynasty, H: 14cm; Diam. (at mouth): 24cm; Diam. (at foot): 19.2cm, Collection of the Qing Court

131 紫金釉双耳三足炉

清

高 12 厘米　口径 19 厘米　足距 12 厘米

1965 年入藏

炉唇口，扁圆腹，圜底，下承三乳足。口沿两侧置对称桥形耳。通体施紫金釉，釉面匀净莹亮。

此器造型、釉色均仿青铜炉，这种炉式是清代晚期石湾窑流行的三足炉造型之一，釉色品种丰富，有茶叶末釉、仿哥釉、乌金釉等。

Persimmon-Glazed Tripod Incense Burner with Two Handles

Qing Dynasty, H: 12cm; Diam. (at mouth): 19cm; Distance btw. feet: 12cm, Acquisition Date: 1965

132 绿釉镂空方形香熏

清

通高 17.2 厘米　上沿 10×10 厘米　底座 12.5×12.5 厘米

1982 年入藏

香熏方形，分罩、座两部分。罩平顶，中间有宝珠钮，顶面开圆孔，罩壁深而自顶渐广，两面各有一花窗式镂空。底座子母口，直壁，里中间有一灯柱，上有灯盏。器外壁施淡绿色釉，釉面匀净。外底无釉，胎色较白。

此器造型线条优美流畅，釉色淡雅，是石湾窑生活实用器中的佳作。

Green-Glazed Reticulated Square Incense Burner

Qing Dynasty, H (in total): 17.2cm; Diam. (at top): 10×10cm; Diam. (at bottom): 12.5×12.5cm, Acquisition Date: 1982

133 仿钧釉鼓钉三足花盆托

清

高 6.5 厘米　口径 22 厘米　足距 10 厘米

1958 年入藏

器敞口，深弧腹渐收，圜底，下承三足。通体施仿钧釉，酱色底釉之上，蓝、白两色面釉错杂流淌。外壁口沿下饰鼓钉纹一周。

鼓钉三足花盆托、菱花式三足花盆托等是钧窑制品中比较常见的造型，这类产品在传世钧窑器中是与花盆配套使用的。此器造型、施釉等仿钧窑同类器，惟妙惟肖。

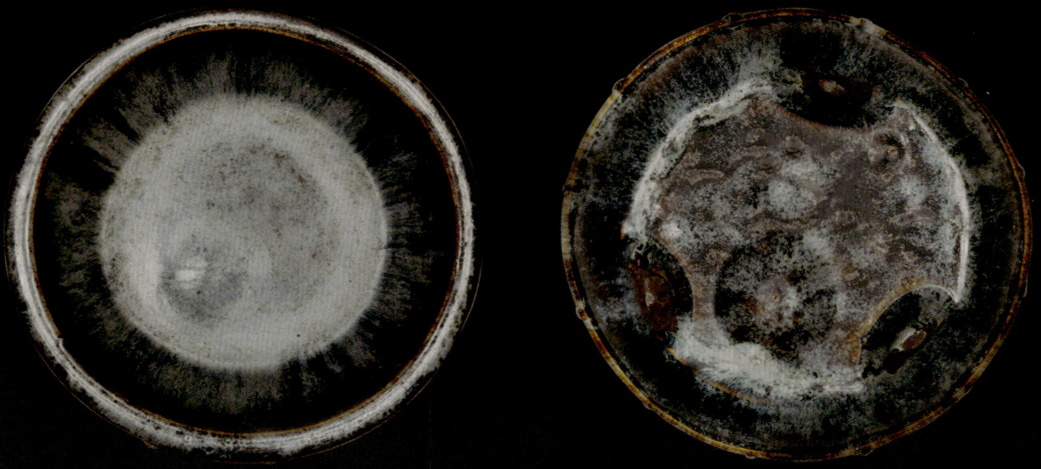

Jun-Type Glazed Drum-Form Tripod Flowerpot Holder

Qing Dynasty, H: 6.5cm; Diam. (at mouth): 22cm; Distance btw. feet: 10cm, Acquisition Date: 1958

134 仿钧蓝变釉花瓣式三足花盆托

清

高 4.5 厘米　口径 21.5 厘米　足距 9 厘米

1954 年入藏

器敞口，折沿，浅弧腹，腹壁曲折呈花瓣式，平底，下承三乳足。里、外施仿钧窑变釉，釉色红、黑、蓝、白错杂交融，釉面流动感强，色彩绚丽斑斓。外底无釉，胎黑褐色。

Jun-Type Grey-Blue Flambé-Glazed Tripod Flowerpot Holder with Barbed-Rim

Qing Dynasty, H: 4.5cm; Diam. (at mouth): 21.5cm; Distance btw. feet: 9cm, Acquisition Date: 1954

135 | 仿钧蓝变釉楸叶形笔掭

清

高 5.8 厘米　口径 15.5×15.5 厘米　足距 7×6 厘米

1958 年入藏

器楸叶形，器壁曲折有度，器心平坦，外底下承三短柱足，显示出较高的成型工艺水平。内、外施仿钧蓝窑变釉，釉面蓝白相间，自然流淌。器边缘釉薄处呈酱褐色，与器身釉色对比鲜明。

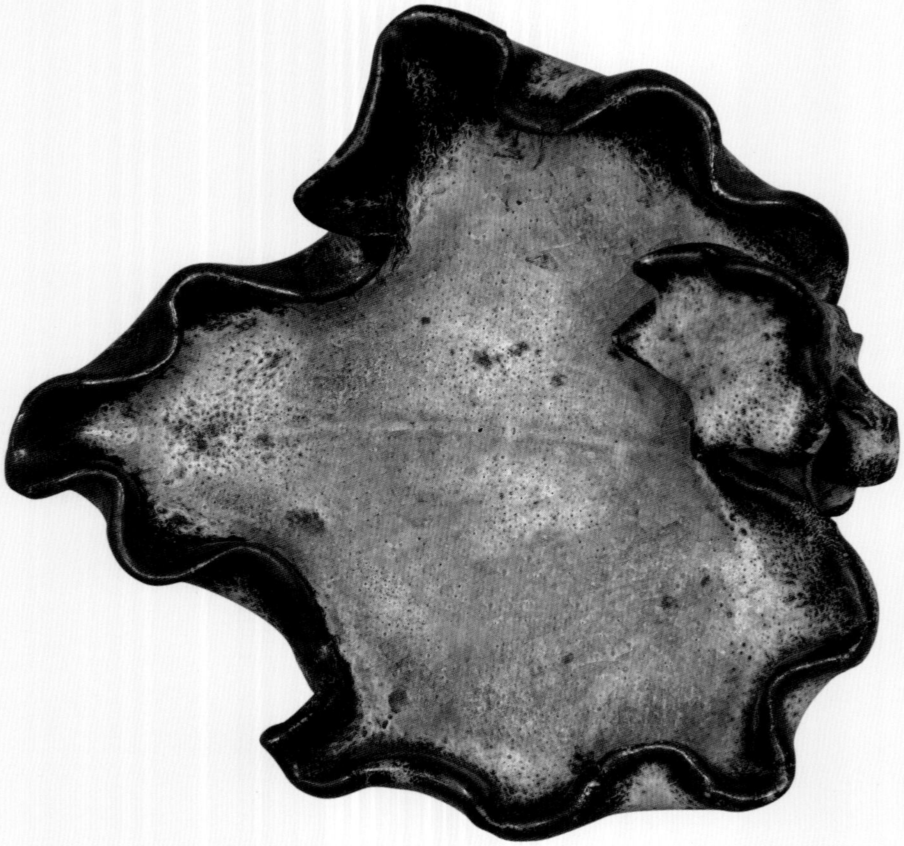

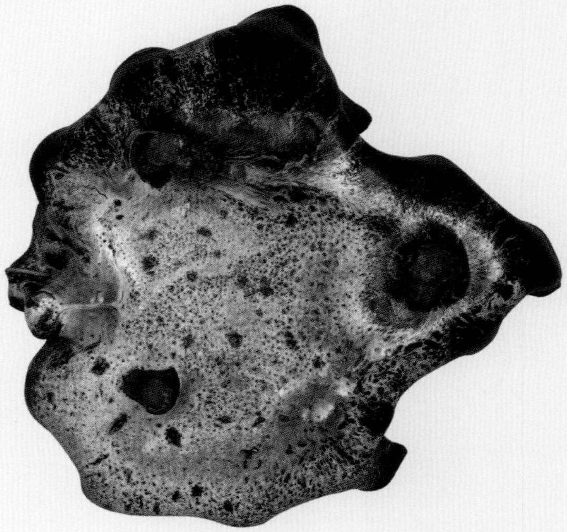

Jun-Type Grey-Blue Flambé-Glazed Leaf-Form Ink Palette

Qing Dynasty, H: 5.8cm; Diam. (at mouth): 15.5×15.5cm; Distance btw. feet: 7×6cm, Acquisition Date: 1958

136 鳝鱼黄釉模印团螭纹圆几

清

高 3.6 厘米　面 14.3 厘米　足距 13.5 厘米

1965 年入藏

器圆形，平面出浅沿，弧壁，宽圈底，底与面之间中空，下承三云头状足。通体施鳝鱼黄釉，釉面莹亮，内含杂质。几面中间模印团螭纹装饰。外底无釉，胎黑褐色。

Eel-Skin-Glazed Round Table with Moulded Decoration of *Chi*
Qing Dynasty, H: 3.6cm; Diam. (at top): 14.3cm; Distance btw. feet: 13.5cm, Acquisition Date: 1965

137 仿钧釉杯

清

高 1.9 厘米　口径 4.9 厘米　足径 2.2 厘米

清宫旧藏

杯敞口，弧壁，深腹，圈足。通体施釉，釉色以酱色中泛紫红为主，间杂以米白、蓝等色釉，釉面有缩釉点和明显的黑色杂质斑点。足墙无釉，胎棕褐色，胎质较粗。

此器为清宫旧藏，造型小巧，分层施釉，釉色特点、釉面特征等石湾窑风格明显。

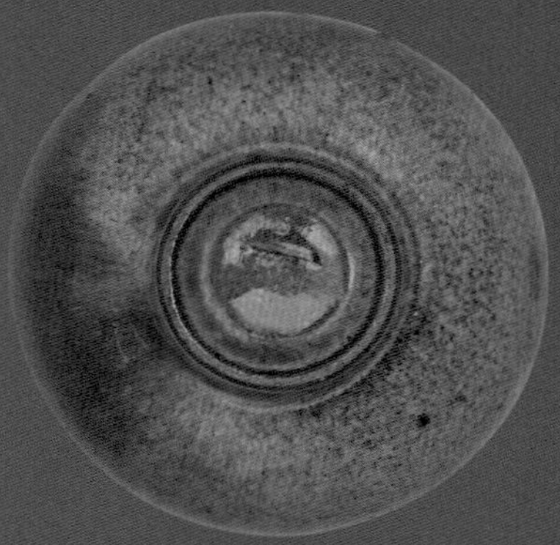

Jun-Type Glazed Cup

Qing Dynasty, H: 1.9cm; Diam. (at mouth): 4.9cm; Diam. (at foot): 2.2cm, Collection of the Qing Court

138 仿钧灰青釉碗

清
高 4.3 厘米　口径 14 厘米　足径 7 厘米
1965 年入藏

碗敛口，弧壁，圈足。内、外施仿钧釉，釉色灰青之下隐现蓝色斑点，釉面密布开片。底无釉。胎深褐色，胎质较粗。

Jun-Type Blue-Grey Glazed Bowl
Qing Dynasty, H: 4.3cm; Diam. (at mouth): 14cm; Diam. (at foot): 7cm, Acquisition Date: 1965

139 褐绿彩釉菊花式盘

清

高 4.2 厘米　口径 22 厘米　足径 11.3 厘米

1965 年入藏

盘敞口，弧壁曲折呈菊花瓣形，圈足。内、外施釉，在米白色釉基础上随意施以褐、绿、棕红色斑点或线条状装饰，釉面开细碎纹片。外底无釉，胎呈深褐色。

此盘造型秀美，釉层凝厚，釉色斑驳绚丽，十分别致。

Chrysanthemum-Shaped Plate Decorated in Brown and Green Glazes

Qing Dynasty, H: 4.2cm; Diam. (at mouth): 22cm; Diam. (at foot): 11.3cm, Acquisition Date: 1965

140 彩绘折枝花卉纹花口高足盘

清

高 7 厘米　口径 18.7 厘米　足径 10 厘米

1965 年入藏

盘花口，折沿，弧腹，圜底，下承高圈足外撇。内、外及足墙色地彩绘装饰，内心以白地红彩朵莲纹为中心，外围黄地红彩卷枝纹、绿地红彩朵花纹、白地红绿蓝彩折枝花卉纹。内壁饰黄地红彩卷枝纹，口沿饰黄地红彩朵花纹，外壁及足墙上饰白地红绿彩折枝花卉纹。外底无釉，露米黄色陶胎，胎质粗而疏松。

此盘是石湾窑所产低温彩绘陶器，纹饰繁复，层次鲜明。

Stem Plate with Foliate Rim and Flower Sprays Decorated in Coloured Glazes

Qing Dynasty, H: 7cm; Diam. (at mouth): 18.7cm; Diam. (at foot): 10cm, Acquisition Date: 1965

141 蓝绿釉持莲叶罗汉像

民国

高 26 厘米　宽 10 厘米　厚 6 厘米

1957 年入藏

像站姿。头微偏向左侧，光头浓眉，双目圆睁，鼻梁挺拔，嘴唇微抿。身穿广袖僧袍，左臂自然垂在身侧，右手抬起，手持荷花叶梗，荷叶自然搭在肩上。衣袍饰钧蓝釉，荷叶施淡绿釉。人物脸、手等肌肤裸露处不施釉，胎棕褐色。

Turquoise-Glazed Figure of Arhat Holding a Lotus Leaf

Republic Period, H: 26cm; W: 10cm; T: 6cm, Acquisition Date: 1957

142 仿哥釉钟馗坐像

民国

高 21.5 厘米　宽 14.5 厘米　厚 12.8 厘米

1963 年入藏

人物侧身坐在嶙峋的山石台座上。头戴冠帽，宽额皱眉，表情凝重，身披广袖长袍，下着裳。左手下垂，撑在台座上，右手微抬，手持折扇。衣袍施青灰色仿哥釉，釉面莹亮，密布大小不一的开片。帽、眉、须、腰带、足等处施黑褐色釉，脸、手等肌肤裸露处不施釉，以深棕色胎泥表现人物肤色，惟妙惟肖。外底素胎，中间钤“刘永传造”四字篆书方章款。

此像为刘传大师作品，刘永传（1916 ~ 2000 年）又名刘传，近现代石湾窑最著名的陶塑家之一。他年少学艺，青年时期就已获盛名。20 世纪 40 年代左右是他创作的一个高峰时期，制作了一批具有高度民族性的陶塑作品，其作品遵循“奇而不怪，丑而不陋”的艺术理念。1979 年获得了我国第一批“中国工艺美术大师”称号，是近现代石湾窑历史上承前启后的一代宗师。他早期的作品常钤“刘永传造”四字篆书印章款。

Ge-Type Glazed Seated Figure of Zhong Kui

Republic Period, H: 21.5cm; W: 14.5cm; T: 12.8cm, Acquisition Date: 1963

143 **精忠报国**

20 世纪 50 年代
高 21 厘米　宽 18 厘米　厚 12 厘米
1955 年入藏

此像以我国民间广为传颂的历史故事“岳母刺字”为塑造题材，生动再现了故事中岳母为激励儿子岳飞要终生忠于国家，报效国家而在岳飞背上刺“精忠报国”四字的故事场景。所塑岳飞半蹲在母亲身前，脊背赤裸，面容刚毅，岳母左手持拐杖，右手持笔在岳飞背上刺字。人物衣袍施白釉，拐杖、鞋帽等施黑褐色釉，肌肤裸露处不施釉，黄褐色的胎泥本色与人体的肌肤颜色十分接近。像身内底钤“广州人民美术社”印章款。

此像为刘传大师 1950 年代作品，塑工精湛，技法纯熟，人物刻画性格鲜明，表达了创作者立志忠于祖国、报效祖国的爱国情怀。

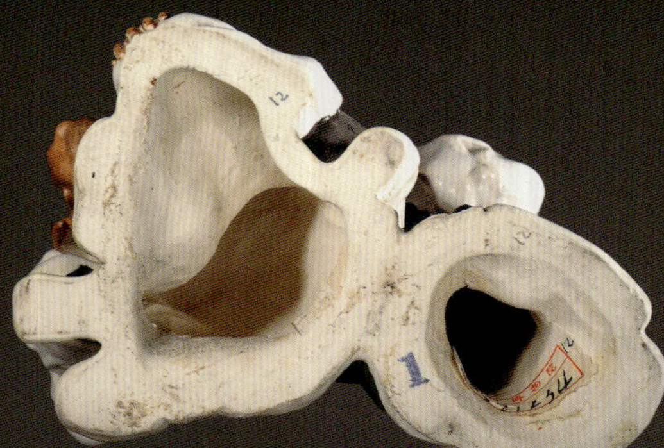

"Loyalty to the Country"
1950s, H: 21cm; W: 18cm; T: 12cm, Acquisition Date: 1955

144 张良

20 世纪 50 年代
高 23 厘米　宽 21 厘米
1955 年入藏

张良塑成一盘坐的青年文士形象。束发高冠，头微低，弯眉细目，鼻梁挺直，嘴角微抿。内着交领衣，外穿宽袖长袍，足穿鞋。双手隐于袖内，自然拢放在膝上。人物衣着施白釉，积釉处泛青绿色，釉面莹亮密布开片。脸部不施釉，以胎泥原色表现人物的肌肤。

此像为刘传大师作品，内底纸签上记有“1955 年‘全国陶瓷专业会议’产品评比乙级”。塑工精湛，人物刻画生动写实，展现出张良儒雅睿智的精神气质。

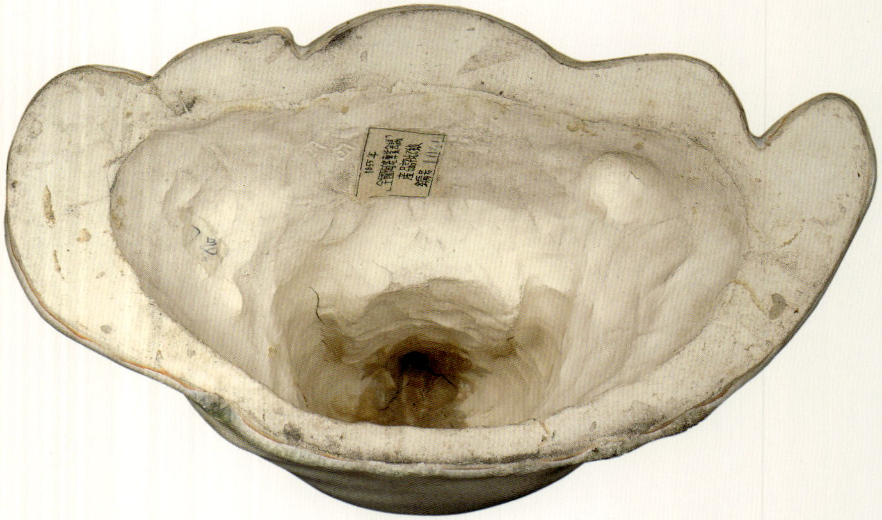

Zhang Liang
1950s, H: 23cm; W: 21cm, Acquisition Date: 1955

145 孟浩然

20 世纪 50 年代
高 13.5 厘米　宽 23 厘米
1955 年入藏

人物背靠树根形靠椅而坐，全身隐于大袍中，只露出脸部，弯眉，双目炯炯有神。靠椅施黑釉，衣袍施青灰色仿哥釉，脸部不施釉，胎色与人体肤色接近。像身中空，内底钤“广州人民美术社”印章款。

此像为刘传大师作品，人物刻画立意新奇，展现出孟浩然洒脱不羁的诗人气质。

Meng Haoran
1950s, H: 13.5cm; W: 23cm, Acquisition Date: 1955

146 防御

20 世纪 50 年代
高 16 厘米　宽 15 厘米
1955 年入藏

此器在山石底座之上生动传神地塑造了一只展翅鸣叫护雏的母鸡与四只惊慌幼雏的形象。外底所贴几张纸签上记录该件藏品为“1955 年全国陶瓷专业会议，产品评比组甲级”，“品名：防御；作者：区乾；出品者：广州人民美术社；产地：石湾”。

1955 年，当时的中央地方工业部联合中国美术家协会等单位在故宫博物院保和殿举办了全国陶瓷展览会，展览评委会自全国送展的七千余件作品中选出二千余件作品参展，其中部分展品会后入藏故宫博物院，院藏石湾陶中就有多件当时参展的作品，代表了 20 世纪 50 年代初期石湾陶塑的艺术水平。此件区乾大师所塑“防御” 就是这次展览会中被评为甲等奖的作品。

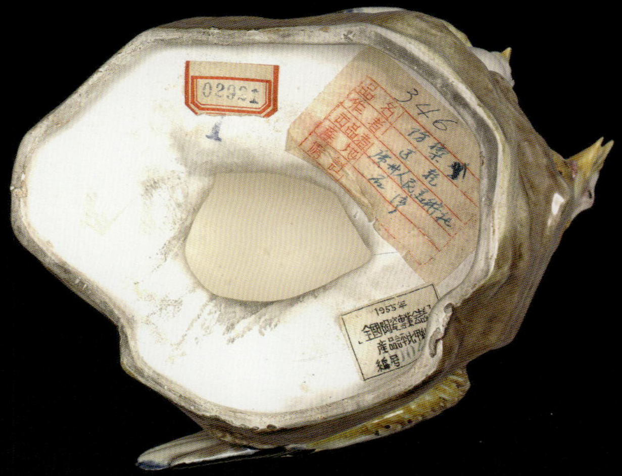

Defence
1950s, H: 16cm; W: 15cm, Acquisition Date: 1955

147 狮与蛇

20 世纪 50 年代
高 16.5 厘米　长 22 厘米
1955 年入藏

此件作品塑造了一幅雄狮捕蛇的精彩瞬间。雄狮身躯雄壮，凶相毕露，龇牙咧嘴，露出利齿，前爪抓住蛇的七寸，狮爪下身躯盘绕的猛蛇虽张嘴威吓，但显得色厉内荏。除底座施釉外，狮、蛇均素胎，以胎毛技法描绘狮子的皮毛，狮鬃、蛇身鳞片刻画精细。底素胎，钤“广州人民美术社”印章款。

此像是参选 1955 年全国陶瓷展览会的作品，为当代石湾动物题材陶塑大师区乾所作。区乾（1907 ~ 1958 年），广东新会人，他继承和发扬了石湾动物陶塑的精湛技艺和优良传统，表现手法力求逼真写实，作品质朴传神，作为当代石湾动物陶塑的杰出代表人物，在 20 世纪 50 年代与刘传大师在石湾陶艺界被誉为“双峰并峙”。

Lion and Snake
1950s, H: 16.5cm; L: 22cm, Acquisition Date: 1955

148 素胎牛

20 世纪 50 年代
高 14 厘米　长 26 厘米
1955 年入藏

擅长塑造各种动物类题材是石湾窑陶塑最突出的特征之一，此像继承了石湾陶塑这一优良传统，水牛全身不施釉，运用胎毛技法细致刻画牛的皮毛，可谓纤毫毕现，牛身膘肥体壮，大大的牛眼点染黑釉，更添神采。牛肚钤有“广州人民美术社”印章款。

此像塑工技艺精湛传神，应是区乾大师 1950 年代的作品。

Biscuit Ox
1950s, H: 14cm; L: 26cm, Acquisition Date: 1955

149 鹌鹑

20 世纪 50 年代
高 18 厘米 宽 13 厘米
1955 年入藏

此件作品在山石底座上塑造了一对鹌鹑的生动形象，一只鹌鹑警惕地抬头巡视，另一只则安心地低头觅食。鹌鹑身体滚圆，以胎毛技法描绘的羽毛，刻画十分精细。底素胎，内钤“广州人民美术社”印章款，并模印“13”的标号。

此像是参选 1955 年全国陶瓷展览会的作品，为当代石湾陶塑大师区乾所作。区乾大师擅长动物陶塑，他的表现手法不仅力求逼真写实，而且能够抓住鸟兽不同动作所表现的神态，虽同是昂首、奔跑、扑翼、长鸣等动作，但神态却有着细微的差异，显示出当时鸟兽的“心情”。

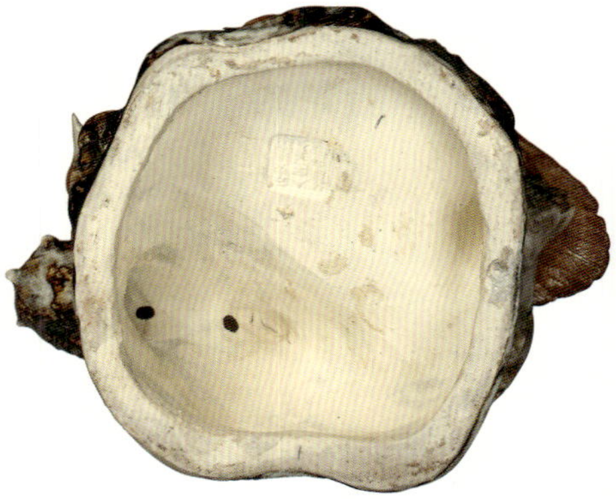

Quail
1950s, H: 18cm; W: 13cm, Acquisition Date: 1955

150 褐釉塑贴蟹篓罐

20 世纪 50 年代

高 17.7 厘米　口径 7 厘米　足径 6.8 厘米

1955 年入藏

罐以南方人民田间捕蟹所用竹篓为造型题材。盘口，短阔颈，平肩，深腹，圈足。肩部两侧置对称绳耳，颈部塑贴几只小蟹，腹壁装饰密集的凸棱模仿竹编效果。外壁施淡褐色釉。底无釉，钤“广州人民美术社”印章款。

Dark-Brown-Glazed Jar in the Form of a Bamboo Crab Basket

1950s, H: 17.7cm; Diam. (at mouth): 7cm; Diam. (at foot): 6.8cm, Acquisition Date: 1955

图书在版编目（CIP）数据

故宫博物院藏石湾窑陶器 / 故宫博物院，佛山市博物馆编. — 北京 : 故宫出版社，2022.5
（古代陶瓷经典）
ISBN 978-7-5134-1476-0

Ⅰ. ①故… Ⅱ. ①故… ②佛… Ⅲ. ①民窑－佛山－古代－图录②瓷器(考古)－佛山－古代－图录 Ⅳ. ①K878.52②K876.32

中国版本图书馆CIP数据核字(2022)第073530号

故宫博物院藏石湾窑陶器

故宫博物院　佛山市博物馆 编

出 版 人：章宏伟
主　　编：黄卫文
副 主 编：赵聪月　冯贺军
编　　委：曹学群　达微佳　关　宏　郭文钠　韩　倩　黄晓蕙
　　　　　单莹莹　王照宇　王振宇　赵芸格　梁　勇　金悦平
英文翻译：张淳淳　周米林
摄　　影：赵　山
责任编辑：方　妍
装帧设计：北京气和宇宙艺术设计有限公司
责任印制：常晓辉　顾从辉
出版发行：故宫出版社
　　　　　地址：北京市东城区景山前街4号　邮编：100009
　　　　　电话：010-85007800　010-85007817
　　　　　邮箱：ggcb@culturefc.cn
印　　刷：北京雅昌艺术印刷有限公司
开　　本：889毫米×1194毫米　1/12
印　　张：24.5
版　　次：2022年5月第1版
　　　　　2022年5月第1次印刷
印　　数：1~2500册
书　　号：ISBN 978-7-5134-1476-0
定　　价：560.00元